中公文庫

本で床は抜けるのか

西牟田 靖

目次

本で床は抜けるのか

はじめに

本はかさばる。その上に重い。だからこそたくさんの本を持っている人は、頭をかかえる。部屋の広さや床の強さと本の大きさや重さとの間で、どうやってバランスをとるか日夜苦慮することになる。

筆者はそれほど熱心な本読みではなかった。あちこち旅をしたり、体験を重ねたり、そして人に話を聞いたりして、足で稼いで書いていくタイプの書き手だった。しかし、資料が必要な執筆をするようになってからは、必要にかられ、蔵書を急激に増やしていった。そのために書斎や生活空間のかなりの部分が本に浸食されたり、床が抜けるかもと悩んだり、という経験を強いられてしまった。

逼迫（ひっぱく）した状況に陥ったことで、増え続ける本と居住スペースのバランスをどう取ればいいのか、そのためには紙として持っている必要があるのか、電子化という方法は福音となるのか、電子化した本は紙の本同様に読めるのか、紙の本と電子書籍はどう違っているのか――といった本との共存方法について否応なしに考えさせられることになった。状況を打開すべく、あちこちに出向いて話を聞いたり、資料を読んだりして、自分なりに本との暮らし方を模索し、その経緯について記録したのがこの本である。筆者のことに限らず、各人のさまざまなケースを記しているから、蔵書整理に悩んでいる人の解決策のヒントに少しぐらいはなるのかもしれない。ならなくても、筆者や各人の、本との格闘の様子をおもしろがってくだされば幸いである。

イントロはこのぐらいにして、そろそろ本編に入ることにしよう。東日本大震災から1年が経過しようとしていた2012年の早春に話はさかのぼる。

1章　本で床が埋まる

不安のはじまり

木造二階建てアパートの二階にある4畳半の部屋に仕事場を移したところ、畳がすべて本で埋まってしまった。

部屋の壁際三辺は立て掛けた本棚や分解した机で覆われ、部屋の大部分を占めるそれ以外のスペースは高さ約30センチの本の束で埋め尽くされた。そのとき部屋の真ん中にいた僕は自分の足もとが見えなかった。本の束と束の間にかろうじて足を突っ込んでいたからだ。足に泥は付着しないが、ぬかるみに膝下をずぶずぶ突っ込んでいるようなもの。部屋の中を移動するには本の束から足を引き抜いて本の束を踏み台にするか、つま先がやっと入るかどうかのすき間に無理矢理足を突っ込むしかなかった。

２０１２年2月、僕はそれまで仕事場として使っていた中野区のシェアハウス（鉄骨造三階建て）から、4畳半のアパート（木造二階建て）へ引っ越した。

引っ越し当日、運搬を手伝ってくれた便利屋お助け本舗の社長が帰りの車中、運転しながら僕に言った。

「よく思い切りましたね」

含みを持たせた言葉に疑問がわいた。言葉の真意が知りたくなった。

部屋のサイズと荷物の量が見合っていない、と言っているのだろうか。

「もしかすると床が抜けるってことですか」

実は引っ越す前の下見の段階で、押し入れへ足を踏み入れた時メリメリと板が裂ける音がして、血の気が引いたのだ。いつベニヤが破れてもおかしくない。そうした出来事があったので、ひょっとすると床が抜けるのではないかというおそれを抱いていたのだ。

すると社長は、

「いや、そういうわけではないですよ」

と否定した。しかし僕はそれでも納得できなかった。具体的な言い方でないのは、客である僕の心証を悪くしないように言葉を選んでいるからなのかもしれない。

「床抜けした家の片付けとか、頼まれたことってありますか」

「それはありませんね」

床が抜けるほどの荷物を目の当たりにしたからこそ、うっかり「よく思い切りましたね」と口にし、その後、慌てて否定したのではないか。社長とやりとりした後、本で埋まった床のことが急に気になり出した。

考えてみれば、確かに荷物の量が完全にキャパシティを超えている。整理のため、部屋の真ん中などに本を積み上げようものなら、床が抜けてしまうのかもしれない。古い書類を入れた衣装ケースや引き出しをびっしりと突っ込んである押し入れは、さらに危機的だ。約30キロの衣装ケースを上段下段天袋に3、4箱ずつ置いているのだから、それぞれ100キロほどの重さが掛かっていることになる。

床が抜けると、落ちてきた荷物で下の階に住む大家が大けがを負ったり、資料が散逸したりするかもしれない。加えて震災だって怖い。神戸や東北の被災地で瓦礫(がれき)撤去作業を見てわかったことだが、大きな地震が起これば、どんな貴重な資料も建物やほかの荷物、土砂などと一緒くたの瓦礫と化してしまう。

壁一面に並んだ背表紙を眺めながらアイディアをひねり出す、という行為は紙の本であるが故にできること。所有欲も満たせる。しかし、借りてしまったアパートで、以前同様の本棚の組み方をしたらまずい。もっと慎重に物件を選べば良かった。便利屋のバン(ワンボックスカー)が自宅に近づくころ、胸中は後悔の気持ちでいっぱいになっていた。

引っ越し計画

２００６年夏からの約5年半、新宿にほど近い中野区で仲間たちと一緒に賃貸の一軒家をシェアしていた。築20年ほどの三階建て４ＤＫ（鉄骨造）という物件である。すべての部屋はフローリング、一階に一部屋と車庫、二階はキッチンと部屋、三階は二部屋という間取りになっていた。

少し変わった建物だった。天井裏はなく、三階の部屋が屋根ぎりぎりのところまで壁となっていた。僕の部屋はその三階にあり、まさにその変わった部分に位置していた。広さは５・５畳（平米に直すと約9平米）。壁面のうち二面が傾斜しているから天井がとても狭かった。

傾斜していない方の壁、二面に天井まで届く本棚を置いていた。ひとつは棚と天井のすき間に突っ張り棒を挟んで倒れるのを防ぐ本棚（突っ張り本棚）、もうひとつは図書館で使用する下部の奥行が広くなった本棚（図書館本棚）である。二つの本棚の寸法は次の通り。白い突っ張り本棚＝幅60×奥行19×最大の高さ２４３センチ。重さは約20キロある。図書館本棚＝幅90×奥行29・５（上部17）×高さ２１５センチ。重さは約30キロ。後者は防災用に突っ張り棒で耐震補強もしていた。

傾斜した天井沿いの壁には幅90×奥行30×高さ90センチの本棚を二つ並べていた。ド

引っ越し前の部屋

アの右横は階段の上にあたっていて、そこだけは腰の高さあたりまである幅90×奥行20センチほどの段になっていた。そこには突っ張り用上乗せ本棚と普通の本棚を日曜大工で連結し、段の上に乗せ平らな天井に突っ張って使っていた。寸法は幅90×奥行16×高さ140〜156センチである。他には幅90×奥行16×高さ90センチという白くてやや小ぶりの本棚を空いたスペースに置いて使っていた。このように部屋中を本棚だらけにし、それぞれの本棚にすき間なくびっしりと本を並べていた。その合計は、少なくとも1000冊以上、2000冊以下というところであった。

ちなみに本棚以外には次のようなものが部屋にあった。二つの机、デスクトップのパソコン、業務用のレーザープリンタ、背もたれ付きの椅子とバランスチェア。押し入れやクローゼットはないので、布団はスチール製のラックにむき出しの状態で置いていた。過去に仕事で使った書類や紙に書いていた頃の日記、旅行で手に入れたチケットや地図、写真の現像済みフィルムなどを防湿剤入りの衣装ケースや引き出しに詰め、布団の横に並べていた。5・5畳の部屋にそれだけ詰め込んでいたのだ。布団を敷けば、空いたスペースは全くなかった。

何も昔から、蔵書に圧迫されるような生活を送っていたわけではない。それどころか、2003年ごろまでは、本棚はひとつだけ、蔵書の数は500冊にすら満たない状態を維持していた。長期の取材旅行や引っ越しを繰り返していたし、大量の資料を使う必要がなかったからだ。ところが2004年以降、蔵書はみるみる増えていく。『僕の見た「大日本帝国」』という歴史紀行を書いたことがきっかけであった。それ以後、大量の資料が必要な作品ばかり書くようになり、毎年100冊以上本を買うようになった。

2006年、前述のシェアハウスに住み始めた。僕は5・5畳の部屋に最初こそ住んでいたが、2007年には書斎として使うようになった。結婚することになったため、シェアハウスの近くに2DKを借りて住み始めたからだ。二つの拠点を行き来して生活する中で、資料として読む本はみるみる増殖し、書斎と自宅を狭くしていった。突っ張り本棚や図書館本棚といった人の背よりも高い本棚は三つに増え、蔵書は気がつけば1000冊を優に超えるようになった。

書斎は狭さの限界を極めるような状態ではあったが、気に入っていた。机に向かっている姿勢のまま、たいていの蔵書に手が届くからだ。一方、不満に思っていたのは家賃のことである。自宅は1ヶ月10万円ほどで、書斎は4万1000円。資料代や取材費を捻出しながら、自宅と書斎を毎月、維持するのはけっこうたいへんだった。

足の踏み場もなかった引っ越し直後のアパートの部屋

そうした思いが募ったことで2012年の年があけたころから、本の置き場兼作業場用の物件でシェアハウスより安いところはないだろうかと、不動産屋やネットで条件の合う物件を探し始めた。貸倉庫も考えたが、3畳分月3万9000円などとスペースの割に賃料が高額なので断念した。古びた建物が多いものの、対象物件数が多く、広くて安い木造アパートに、結局は絞り込んだ。

3週間ほど探して決めたのは自宅から自転車で7分・徒歩で22分のところに位置する古びた木造二階建てのアパートであった。シェアハウスから自転車で十数分・徒歩で30分だった。４畳半しかないが押し入れ付なので、シェアハウスの部屋と広さに大差はない。

引っ越しは誰にも頼まず一人だけでやるつもりだったが、突っ張り本棚と図書館本棚は分解してもかなり長く、側板などは成人女性の身長ぐらいもあるので一人で運び出すのは無理だという結論に達した。狭くて曲りくねった階段を三階から一階まで、家の壁にあたらないようにしながら、そんな長いものを僕一人で降ろすことはどうやっても不可能だった。

そこで、便利屋に依頼することにした。料金は車を運転し運び出しを手伝ってくれる作業員一人が来てくれて1時間８４００円という。

引っ越し当日、便利屋の社長がトヨタのハイエースでやってきた。この車の積載重量は１０００キロ、つまり1トンである。すでに解体が済んでいた突っ張り本棚と図書館本棚を二人で運び、その後はひたすら本の束を一階まで降ろしていく。雪が降り出しそうな曇り空、気温は5度前後だったが、上着を脱いでもなお汗だくになった。1時間後、バンの荷台はいっぱいになった。高さ30センチほどで縛った50〜60個の本の束と本棚で荷台がいっぱいだ。それでもまだ積みきれない。

パソコンとプリンタ、椅子、扇風機が玄関に置いたままだった。積みきれなかった荷物を残し出発するハイエースの車体はずっしり沈み込み、途中でパンクして停まらないか、少し心配になった。

新しい部屋は4畳半の和室と半畳の台所。築50年ほどだから、地方から出てきた若者の住む場所として高度成長期に建てられた物件なのだろう。木造の4畳半だから約7・5平米。2・7×2・7メートルぐらい。押し入れは0・7間（幅約1・3×奥行0・83×天袋までの合計の高さは約2・1メートル）。1ヶ月2万5000円。シェアハウスの一室が4万1000円だったから毎月1万6000円の節約である。

引っ越しは完了したが、やることはまだまだあった。床が抜けないよう慎重に整理整頓せねばならない。それにしてもどうやって部屋のレイアウトを決めたらいいのだろうか。見当がつかない。

この後僕はしばらく、「床が抜けました」という切羽詰まった連絡が携帯に来ないか、恐怖感に近い不安な気持ちを抱えつつ、手をこまねいているしかないというモヤモヤとした日々を過ごすことになった。

「これはやばいですね」

日々の出来事やニュースについての書き込みをしたり、写真を掲載したりと日常的に使っているFacebookというSNS（ソーシャル・ネットワーキング・サービス）がある。そのサイトに床が本で埋まった部屋の写真をアップロードしたのは、引っ越しが終わった日の夜のことだ。本当に床が抜けるのか。抜けるとしたら事前に何をすれば防げるのか。なるべく沢山の友人に見てもらいたかった。いろいろ意見を聞き、早く不安を解消したかった。

コメントはすぐに10ほど寄せられた。

「二階だったら床が抜けるかも……」

「これはやばいですね」

「床、抜けそうだね」

心配する声が大勢を占める中で、一人だけ正反対の意見を言う人がいた。軍事ジャーナリストの加藤健二郎さんである。彼とは90年代後半から15年以上つきあっている仲だ。

「大丈夫大丈夫。平たく部屋全体に敷けば抜けない抜けない」

理工学部出身で、大手ゼネコンで土木工事の現場監督をした経験がある加藤さんの発言だけに、強度を冷静に計算した上でコメントしていることがうかがえた。加藤さんの言葉に少し安堵しつつも、いったい大丈夫なのかそれとも危ないのか、僕はさらに本当のところを知りたくなった。

そこで僕は、編集者・文筆家である仲俣暁生さんに協力していただき、少し調べてみることにした。彼とは、著者インタビューを依頼されて知り合って以来、加藤さん同様、親しくつきあう仲だ。ネットにも詳しい彼に、情報提供お願いの呼びかけ、つまり次の文面をＦａｃｅｂｏｏｋやＴｗｉｔｔｅｒに書き込んでもらった。

Nakamata Akio@solar1964　２０１２年３月７日

【緩募】よく「本の重みで床が抜ける」という話をききますが、実際に体験した人に会ったことがありません。もし実際に経験した人、観たことがある人がいたら連絡ください。ハッシュタグも一応、これでお願いします↓　#本で床が抜ける

呼びかけてから早くも１分後には、反応があった。

「実家なのでもう建て替えてしまい、証拠がないのでお役には立たないと思いますが、バブル期の安普請の家とはいえ、当時いた２階の部屋の床は抜きました。以降、庭に掘っ立て小屋を作られ、そこで生活する羽目に」

その後、続々と書き込みは増えていった。

「うちの祖父の家が、築70年ほどで、家中に新聞を山積みにしていたのですが（人がやっと通れる程度の隙間＋天井までびっしり）床は抜けませんでした。祖父亡き後新聞全て捨てたら床がものすごい湾曲してました。#本で床が抜ける 抜けた話でなくてすみません（タグ主様へ）」

「３・11以降、余震のたびに、この恐怖を感じ続けていました。今もなお脅えています。

処分しろっていう話ですが……」

「抜けちゃいませんが、廊下側の壁と床の間には明らかな隙間があります。当然ですが、ドアも建て付けが悪い感じで、湿気や乾燥が酷い時期は相当に力を込めなければ上手く閉まりません」

「家が傾いたことがあります。大家さんに均等に置いて下さいと言われました」

「父の兄の嫁さんがぶち抜きました」

「抜けなかったけど、実家の床が傾いて修理した」

「床ではないですが、ある出版社の引越しで、少し大きめの押入れの上段に資料の本をしまい込んでいたら、段ごと落ちました。下段はまだ空だったので、きれいに真下に。下に人がいなくて良かったですが」

相次ぐ書き込みに手応えを感じた僕は、今回の体験と検証を絡めた記事の掲載を企図し、さっそく仲俣さんに提案してみた。その媒体は、電子と紙の本の関係性をテーマにした、仲俣さん主宰の『マガジン航』というウェブ雑誌であった。そしてこれを機に僕は仲俣さんとタッグを組み、同ウェブ雑誌に不定期で連載するようになる。つまり、部屋の危機的な状況を脱する方策を立案・実行する傍ら、他人のケースの取材を進めていったということだ。

書くことが決まり、まず僕がやったことは、過去の事例をあたってみることだった。

「本　床が抜ける」といったキーワードでグーグル検索をかけてみると、いくつかの事件がヒットした。

「重体の女性死亡　尼崎の2階床抜け」（『産経新聞』大阪夕刊 社会面、２００1年1月18日付）

「大阪の薬局で天井落下、８人ケガ　商品過重で老朽、床抜ける」（『産経新聞』東京朝刊 社会面、１９９2年12月13日付）

次の記事は詳細が入手できたので転載する。

新聞、雑誌を自室に集積すること20余年、ついに床が重みに耐えかね崩壊し、部屋の主ごと雑誌の山に埋もれ、レスキュー隊に救助されるという珍事が東京・目白で発生した。部屋から雪崩のように流れ出した〝蔵書〟の山は約50メートルにわたり路上を占拠し、近所は大迷惑。底抜けだけでもトホホだが、エロビデオや盗撮写真も〝発掘〟され、恥の上塗りとなってしまった。

床が崩壊したのは、東京都豊島区目白にある築30年以上の古いアパートの2階。JR目白駅から徒歩5分ほどの好立地で、6畳1間の家賃は約5万3０００円ほど。

異変が起きたのは6日午後7時前だった。

「帰ってみると天井から蛍光灯が垂れ下がっていた。ミシミシいって天井がしなったので変だと思って警察に相談に行った。警官3人と家に到着する間際に天井が抜けた」と語るのは、1階真下の部屋に住む老人(75)。近所の主婦は「ドーンという爆発のような音。水道管も破裂した。レスキュー隊や消防団がバケツリレーで雑誌をかき出したが、救出に2時間もかかった」と衝撃の瞬間を証言する。
目白署の調べや関係者によると、部屋の主は埼玉県の草加市役所に勤務する男性職員(56)。昭和50年代後半から住み始め、新聞や雑誌をほとんど捨てず、ひたすら部屋に積み重ねていた。「崩壊直後、雑誌や新聞が1階天井を越えてなお1メートルくらいの位置まであった。下からうめき声があがり、レスキュー隊が10時20分ごろに救出した」(捜査関係者)。病院に搬送された男性は意識があるものの全身打撲の重傷と診断された。
(中略)雑誌などについて、男性は「捨てていい」としょんぼりしているという。目白署では立件しない方針だが、アパートの管理会社関係者は「全部処分します。費用は男性が負担することで了承を得ている。見当もつかない額になりそうですが……」と苦笑するばかりだった。

(『夕刊フジ』東京版　2005年2月9日付)

取材したのは友人の鎌田剛記者である。彼は当時のことを次のように振り返った。

「共同通信で第一報がありまして、「これは面白い」って個人的に興味を持ったんです。上司に伝えたところ、彼も面白がってくれまして、すぐに現場へ駆けつけました。目白の現場でまず目についたのは、当時所属していた『夕刊フジ』です。オリンピックの結果を伝える記事が一面の新聞紙が路上に落ちていたんです。バルセロナだから92年のものですね。男性は書籍じゃなくて新聞や雑誌を捨てずにため込んでいたんです。捨てられない体質の人だったんですね。道路に散乱している紙のゴミをほうきで掃いている年配の男性がいたので話しかけてみました。するとその人、難を逃れた一階の住人で、「殺されるところだった」って怒りながら話してくれました」

先に紹介した「二階だったら床が抜けるかも……」というコメントは鎌田剛記者によるものである。つまり彼は床が抜けた惨状を目の当たりにした上で、僕に助言をしていたのだ。

土木の専門家でもある加藤健二郎さん、床抜けの現場を取材した鎌田記者。いったいどちらのアドバイスの方が信用できるのか。正直わからなくなった。

一級建築士の見解

こうなればさらに信憑性の高いコメントを発してくれる専門家に話を聞いたほうがよかろう。ということで知り合いの一級建築士二人に質問をぶつけてみた。

一級建築士の佐藤守（仮名）さんは僕の質問に対し、Eメールで次のように答えてくれた。

ご相談の件ですが、どちらの意見も本当だと思います。建築の一般的な住宅の積載荷重は１８０キログラム／平米です。本棚が幅80センチ×奥行き30センチとして０・24平米ですので本棚のスペースで43キロの物が置けるということになります。仮に厚さ2センチの本だと40冊で80センチなので、１冊２５０グラムとして１段当り40冊×０・25＝10キロになるので、４段で40キロ。それに本棚の重さも入れると、50キロ以上あるのでオーバーしてしまいます。つまり80センチ×30センチの本棚に４段以上の本棚、高さ90センチで４段以上あればＮＧです。ただし平均的な荷重計算ですから、壁際と部屋の真ん中では耐荷重も変わります。真ん中だとたわみが発生するので、床を支える根太が曲がり、壁際の梁からズレ落ちて落下します。

壁際ならば二階以上の場合は梁が、一階の場合は土台が直に支える割合が多くなるので落下までいかないと思います。ただし、それ以上の荷重がかかるようなら梁の補強も必要になったりしますので注意が必要です。そのためには本棚の上の部分を壁に固定して、本棚の前の部分の床に荷重がかからないようにする必要があります。

部屋の真ん中に平積みで本を高く置けば、新聞記者の方が言われるように床が抜けるでしょうし、壁際に分散してがっしり固定すれば、床に荷重がかからなくなるので抜けるまではいかないと思います。ただし突っ張り棒では、倒れ止だけで床に荷重がかかっているので駄目です。また古い木造で二階の場合だと湿気で土台や根太や床板が腐っている可能性が高いですし、アパートだと安普請の建物が多いので二階だと部材的には細い場合もあります。

また引越し先が畳の場合、根太の間隔は45センチ（洋室の場合は30センチ）ですのでさらに注意が必要です。姉歯の物件*でも古い鉄筋の建物でも耐震性が劣るということで問題なのですが、荷重で床が抜けるということはないと思います。また腐ることもありません。それだけ木造は脆弱だということです。

人などと違い本などは常に置かれている固定荷重です。地震で揺れると、この荷重がさらに増幅するので、保管だけのことを考えれば、電子書籍などを活用するのがいいと思うのが正直な感想です。

佐藤守

＊　２００５年に起こった耐震偽装事件。姉歯秀次元一級建築士による個人的犯罪だと裁判で結論づけられた。なお３・11で崩れた対象物件は一つもなかった。

もう一人の一級建築士、古寺義孝さんは次のように答えた。

「一般住宅の1平米あたりの積載荷重180キロとは、木造住宅も普通はクリアしている数値です。ただし、柱が腐ったり、シロアリに食われたりしていたら、この基準値よりも実際の数値は大幅に下がります。店舗の積載荷重は300キロ、図書館は同じく600キロとなっています。書店に特別な基準値はありません。300キロであればテナントにどんな業種が入ってもまず大丈夫でしょう。床板をうけるために床下にわたす横木のことを根太（ねだ）といいます。住宅だと普通は45センチピッチ、細い木を使います。ところが最近は梁のような根太を90センチピッチで格子状に組んで、さらには床板を24ミリで敷くのが流行です。これは強いですよ。床をフローリングにするともっと強くなる。木を線ではなく面で覆いますからね」

木造アパートの特徴について、古寺さんにさらに突っ込んで話を聞いてみた。

「180キロと伝えましたが、部屋の真ん中は弱いです。部屋の端は数値よりも強くなります。押し入れは基本、布団を収納することしか考えられていません。布団でぎゅうぎゅうにしたぐらいでは抜けませんが、畳に比べると強度はありません」

僕の部屋の押し入れの床面はベニヤしか敷かれていない。つまり書類が格納されている衣装ケースをぺらぺらのベニヤだけが支えているということだ。押し入れに片足をおいたときにメリメリと音がしたエピソードを先に紹介したが、やはり相当に弱そうである。

古寺さんの話を聞いた場所は彼の作業場と住居を兼ねた一軒家である。この場所でかつて、古寺さん自身苦い思いをしたことがある。

「実はここで以前、押し入れが抜けているんです。二階に住む同居人の押し入れが本の重みで抜けたんです。しかも建物がゆがんでいます。建物の寿命かもしれませんね」

同じ経験は絶対に避けたい。すぐにできる押し入れの補強方法はあるのだろうか。

「押し入れもコンパネ（合板）を敷けばまず問題がない。ホームセンターで2000円も出せば買えます。コンパネは面で支えますからね。コンパネが無理でも、簀子（すのこ）なら、やらないよりはましです。簀子を敷くと通気性が良くなりますよ」

古寺さんに会った翌日、アパートの積載重量と本の重さを比較・計算してみた。床全体に本を敷き詰めた場合、4畳半＝約7・5平米、部屋全体の積載荷重は約1350キロとなる。約2000冊の蔵書が、すべて250ページの四六判ハードカバー（14・8×21センチ、厚さ約2センチ、重さ約400グラム）だったとして単純計算すると、その重さは約800キロとなり、大丈夫そうだ。とはいえこんな置き方をすることは現実的ではない。

次に突っ張り本棚に収納した場合どうだろうか。同本棚の幅が60センチなのに対し、四六判サイズの本の厚さを約2センチとすると1段あたり横に30冊置ける計算である。一方、縦に何段置けるかというと、天井の高さ2・1メートルだから10段、棚板の厚さを1センチとすると9段というのが限界である。1段あたり30冊が9段だから、本棚1本に目一杯置いても最大で270冊しか置けないことになる。その場合、1冊当たり約400グラムとして108キロ、さらに本棚の重さ込みで128キロとなる。

先に紹介したようにこの本棚の幅60×奥行19センチ、つまり接地面の広さは0・114平米である。1平米当たりの積載荷重は180キロなので、本棚の置かれた床の積載荷重は20・52キロが限界となる。

突っ張り本棚に270冊の本を置いて満載にした場合、128キロが床面の負担となる。一方で本棚の接地面の積載荷重は20・52キロである。つまり6倍以上の重さが接地面の床にのしかかっていることになる。これは考えただけでも恐ろしい。

危機感を抱いた僕はすぐさまホームセンターに行き、コンパネを購入し、押し入れの補強をした。この時すでに本438冊も4畳半からは緊急避難させていた。段ボール9箱×1箱あたり約15キロで、のべ約135キロ。本をどうしたのかはこれから徐々に書いていく。

突っ張り本棚は結局、妻と子どもがいる家に移動させることにした。そのとき、前回手伝ってくれた、便利屋の社長に再びお願いした。アパートに着いたらすぐ運び出しができるように、部屋の入り口にあるミニ台所の狭いスペースに突っ張り本棚と図書館本棚を移動させていた。

二つの大型本棚越しに片付いた部屋を見せると、社長は「あれ、普通の部屋になってますね」と拍子抜けしたように言った。避難させた段ボール９箱分のスペースが空いたのだ。軽くて当然である。そのあと10分で突っ張り本棚などのいくつかの本棚を積み込むと、二人して便利屋のバンに乗り込んだ。

走り出してからすぐ、僕は便利屋の社長に念を押すようにして、質問した。

「前回、運んだ後に「よく思い切りましたね」というお話でしたが、床が抜けそうだと思われたんですか」

「違います。無理だと思ってたんです」

「無理というのは床が抜けるってことですか」

「あのままじゃ寝られないって思ったんですよ」

僕がここにそのまま寝泊まりすると考えたらしい。本の上に布団でも敷かない限り、さすがにそれは無理だ。

2章　床が抜けてしまった人たちを探しにいく

恐ろしい話

土木工事の監督という職歴を持つ加藤健二郎さんが「大丈夫大丈夫。平たく部屋全体に敷けば抜けない抜けない」と冷静にコメントしたのには、裏付けがあった。僕のケースよりももっとヘビーで、悲惨なケースを知っているからこそ、それと比較して「大丈夫」と言ったのだ。加藤さんはこれまでに何度か実際に床が抜けたという友人の話をしてくれたことがある。それは加藤さんの知り合いの軍事評論家がアパートの床を抜いた末に「明日中にすべて持って出ていくか、損害賠償を払え」と大家に言われ、翌日に転居したという話である。その評論家に比べると僕の蔵書は全然少ないそうなのだ。

では実のところ、どのぐらいの蔵書を持ち、どんな原因で床が抜けてしまったのか。伝聞ではなく体験した本人にこの際、ぜひ体験談を聞きたいと思った。加藤さん自身は彼の連絡先を知らなかったが、それでも加藤さんと共通のつてをたどることで何とか連絡先を入手することができた。

加藤さんの知り合いとはマスコミ出演が数多い軍事評論家、小山優（仮名）さんである。突然の電話であるにもかかわらず、小山さんは取材に応じてくれた。

「床が崩れたのは1997年です。練馬区の中村橋近くの木造アパートの二階に住んで6年がたっていました。ふた間と台所がそれぞれ6畳の2DKという間取りで風呂とトイレ付きです。一人で暮らすには十分すぎる広さでしたが、もう一つの部屋は本だけの部屋としていました。一つの部屋には机を置き、蔵書を5000～6000冊所有しておりまして、本のすき間にやっと暮らしているような、そんな感じでした。利用している本棚はどこにでもある普通のものです。大家の許可を得て、大工さんに作り付けの本棚を設置してもらい、そこに資料を収めていました。洋書や写真集など重い書籍がかなりを占めていました。

床が抜けたきっかけは地震でした。本の置き方ですが、基本は壁際、一部は床置きという状態でした。小さく揺れた後、その5分後にミシミシと音がして、床置きしているところがみるみる崩れていきました……。大型の洋書を重ねてたんです。2冊膝の上に置けば、昔の刑罰になるというぐらいの重い本です。1冊2キロぐらいはあったでしょうか。本棚のある壁際から離して置いていました。崩れたところの床下は木材が弱っていました。ネズミがかじって穴を空けて、一階と二階を行ったり来たりしていたのです。部屋からは見えなかったんですが、あとで一階から見ると、ネズミがおしっこをかけたシミがあったそうです。崩れた後、本を取り出しました。すぐに出ていかなくてはなりません。引っ越し先は練馬区内に適当なところが見つからなかったので、隣の中野区に引っ越しました」

章の頭に書いた「明日中にすべて持って出ていくか、損害賠償を払え」という大家の要求は床が崩れた後の修羅場の中でなされたのだろうか。

「借りていた家に大変な迷惑をかけました。全てが私の原因ではないにせよ。弁護士を通して、交渉し、弁済金を支払いました。建て直すので、ある程度のまとまった額は払わなくちゃならなかった。おかげでものすごく貧乏になりました。貯金は全てはたきました。だって何百万という大金ですよ。その後、蔵書は実家の物置に置くことができたんですが、背表紙を一望できないじゃないですか。使いづらくなりました。そのころ親の介護も重なっていましたし、大変でした――」

数百万という弁済金を支払わねばならなかったのは、アパートが崩壊し、建て直しを余儀なくされた慰謝料も含んでのことなのだろうか。本を持ち出せたのだから、一気に崩れたりはせず、時間をかけてゆっくりと崩壊していったということか。建物は全壊したのか。自身はけがをしなかったのか。本は全て取り出せたのか。本を取り出すのを手伝ってくれたのはいったい誰なのか。どうやってすぐにアパートを見つけたのか――。

小山さんから話を聞いて、さらに様々な疑問がわいてきた。

「お聞きして疑問に思ったことがあります。例えば弁済金の具体的な額ですが、結局のところいくらだったんですか。それは修繕費用の全額だったのですか」

「……」

「もしもし」

「……この話そろそろやめてもいいですか。名前？　匿名にしてくれれば何を書いてもいいです。……ガチャ」

立板に水の如く、しゃべり続けた小山さんだったが、この一件については今も引きずっているようだった。僕が追加で質問しようとすると、途端に口ごもり、電話を切られてしまった。会った上で、ゆっくりと話を聞くつもりだったのだが、これ以上は難しそうだ。

弁護士が入ったというから、この記事が明るみになることで、余計な問題が起こることを恐れているのかもしれない。自分から話すのはまだしも、他人から質問を受け、思い出して詳しく語るほどに、この体験をご自身の中で消化されていないのだろう。

床が抜けるといかに大変なのか──。小山さんの変化に思い知らされた。

正反対のアドバイス

1万冊強の蔵書を持つ東京大学大学院の教授、松原隆一郎さんからもらったアドバイスは前回話を聞いた一級建築士とは正反対であった。

松原さんの活動範囲は実に広い。専門分野である社会経済学、相関社会科学の研究、学生の指導といった本業以外に新聞での書評の仕事、論壇での提言などに加え、フリージャズコンサートの制作に関わったり、格闘家としての顔を持っていたりもする。松原さんには拙著が文庫化されたときに解説を書いてもらったこともあり、以前から大変、お世話になっている。

「床抜けの話をウェブサイトに書いてあったけど、抜ける理由は壁側に置いているからですよ。壁の周りに本棚を置くと部屋の真ん中がゆがむ。床が上がるんです。そうしたケースがいちばん床が抜けやすいし危険です。そうならないためには真ん中に重いものを置かなくてはならない。全体の重さで床が抜けないのであれば、真ん中にも置いた方がいい。よっぽど強い造りじゃない限り、真ん中を外すのは危険です。木造だったら床の真ん中がボーンと浮き上がる可能性がある。実際、僕の部屋は真ん中が上がってきている。今は父親の遺品である1000枚以上のCDコレクションを置いているから平気なんだけど、その前はなんとなく、真ん中が上がってきていた。

現に、僕の友達で床が抜けた人がいる。本の重さというものはだいたい分かっていたつもりだけど、自分の家も床が上がってきてたからね。これやばいなあって危機感を持ちました」

前回の一級建築士が話してくれた、梁の上に載せた方がいいという話と食い違う。建築士のアドバイスに従い、強度のありそうな部屋の端に本棚を並べたというのに、その方法こそが問題で、いちばん危険だなんて。いったいどれが本当なのだろうか。

しかし、小山さんのケースも壁に沿って本棚を並べていたという点では、松原さんの説に従うと危険だった、ということになる。反(そ)りかえった床にネズミが悪さしたところを小さな地震がとどめを刺した、ということであれば、確かにその通りなのかもしれない。

なお、松原さんには三つの拠点がある。駒場にある東京大学大学院の研究室、阿佐谷にある自宅、そして書庫専用に借りている築50年の木造の一軒家である。

「書庫にしている一軒家は日の当たらないじめじめしたところなんです。風呂なし、家賃4万5000円、9畳半。そこには学生が使うような普通の本棚が17本（棹）置いてあります」

彼が危惧している、床が上がっている家とは書庫にしている古い木造家屋のことである。

マンションの床は抜ける？

ノンフィクションの書籍を読んでいると、参考文献リストが本の末尾につけられていることが多い。10ページを超えるリストもたまに見かける。リストを眺めていて思うこと。それは作者が参考にした書籍をどのように管理しているのかということだ。長大な参考文献リストを目の当たりにすると、家にどのぐらい本をため込んでいるんだろうと心配になってくる。

なかでも「知の巨人」と呼ばれている立花隆氏の蔵書量については以前から気になっていた。脳科学、政治、音楽にセックスなどあらゆるテーマについて雑誌や書籍で大量の文章を書き記している。そんな旺盛な創作を支えるのは「様々な書籍やまだ書籍になっていない専門誌の記事などの大量の文章だ」という一文を以前、どこかで読んだことがある。さらに大量の蔵書をおさめるための書庫兼仕事場として、地上三階地下一階のビル（通称ネコビル）を建てたことでも知られている。彼ほどの読書量を誇る人であれば、それこそ床が抜けたことがあるかもしれない。そう思い蔵書や読書をテーマにした彼の作品をいくつか読むと、『ぼくはこんな本を読んできた——立花式読書論、読書術、書斎論』という本に自身の書棚と書斎の変遷について次のように書いてあるのを見つけたのだった。

二〇代の一部屋暮しが、三〇代には二DKになったと述べたが、実は、二DKになってからの一部屋は、完全に本に占領されていた。（中略）一部屋時代最後のアパートは、木造であったために、本の重みでこわれかけた。たてつけが悪くなったのはもとより、壁に亀裂が入ってしまった。これはヤバイと思って、マンションに入居してみた。マンションなら鉄筋コンクリート造りだから、いくら本をいれても大丈夫だろうと思ったのである。しかし、そのマンションでも、本の重さで床を抜いてしまった。鉄筋コンクリート造りでも、普通のマンションはコンクリートの上に木で床を張る。その床の作りがチャチだったのである。

前回記した積載荷重の限界値だが、木造建築は1平方メートルあたり180キロ、一般のRC（鉄筋コンクリート造り）住宅などは同300キロ、図書館は600キロである。真ん中のデータを採用するとして、高さ2メートル以上の突っ張り本棚にめいっぱい（1冊400グラム、棚一つ30冊、棚を12段として）載せても、積載荷重の限界値は144キロとなり、まだまだ問題ない。このケースでもRC構造の強さが証明されている。木の床は抜けてしまったが、コンクリートの床は大丈夫だったのだ。

「床抜け」をおもしろがっている小説家

担当編集者の仲俣さんから、「故・井上ひさしさんの家も床が抜けたそうだよ」と連載が始まった後で教えてもらった。

そこでさっそく井上ひさしのエッセイ集をいくつか取り寄せて読んでみた。すると、実際、床抜けを題材にしているエッセイがいくつかあった。例えば『続 家庭口論』には、床抜けの話が次の通り、記されていた。

わたしの仕事部屋は六畳である。その六畳に本が六千冊ばかり積みあげてある。べつに蔵書趣味はないのだが、整理を怠けているうちに自然にそれぐらいたまってしまったのだ。わたしの家はごくありきたりの建売住宅で、最初は台所兼食事所を入れて四部屋だった。が、その後、子どもと本の殖えるのに合わせて建て増しを続け、現在は八部屋ある。その増築部分でもっとも古いのが、このわたしの仕事部屋で、たしか八年前に二十万円で出来たと記憶する。いくら八年も前のこととはいえ、二十万円は安い。（中略）

第一の惨劇は去年の暮れに起った。（中略）風呂から出ると湯上りタオルを腰に巻きつけ、ビールとコップを持って部屋に戻った。（中略）『旅の重さ』という本を仕事部屋の隅の、本の塔の一番天辺（てっぺん）にぽんと置いた。が、そのときである。あの惨劇が起こったのは！

まず、ばりばりという音と共にわたしの躰が沈み、沈んだところへ周囲に積みあげてあった本が流土砂のように凄じい勢いで流れ込んできた。その震動がレコードの上を回転していた針を弾ませ走らせ、ぎゃらごろぎゃらごろぎゃらごろと、ステレオのスピーカーは異様な咆哮をはじめた。壁ぎわの本棚が倒れ、石油ストーブは傾き、その上にのっていた薬罐が転がってわたしの方へ熱湯を飛び散らせた。

二階に寝ていた奥さんは飛び起きて駆け下りてきて、子どもたちがおびえて泣き、近所の飼い犬たちが吠え立て、近所の人たちが窓を開けあたりの様子をうかがったと書いてある。被害については次のとおり。

①わたし自身（両膝にすりむき傷、全治二週間。精神的衝撃による執筆不能、三日間）②ステレオ針（使用不能）③書籍十数冊（薬罐の熱湯を浴びての表紙の反りかえり）④家人（足首の軽捻挫、全治三日間。精神的ショックによる言語多発多弁症、全治三十分間）⑤子どもたち（タオル一枚腰に巻き、膝から下を床下に没しつつ呆然と立っていた父親を目撃したために父親に対する尊敬の念失調症にかかる。これは不治）⑥ご近所の方々（軽度の睡眠不足）

この話、どうにもうさんくさい。話が進めば進むほど、矛盾があらわになる。しかしデタラメだとわかっていながらも、読み進めば進むほど、笑いが止まらなくなった。これはいったいどこまでが本当なのだろう。

『続 家庭口論』の裏話

実のところ、床は抜けたのか。真相を知るために井上ひさしの先妻、西舘(にしだて)好子さんに取材を申し込んだ。

彼女は20歳だった昭和36年（1961年）に井上ひさしと結婚している。1983年にはひさしの作品のみを上演する劇団「こまつ座」を結成し、劇団の運営に関わるも、3年後の1986年に離婚した。二人の離婚はワイドショーでずいぶん騒がれたので、当時、高校生だった僕も騒ぎを何となく覚えている。

好子さんは会うことをOKしてくれた。そして床抜けの真相を詳しく語ってくれた。

「昭和42年（1967年）ごろの話かしらね。市川の国分に建て売り住宅を買ったのよ。床が抜けたのはその家での話です。家の庭の一角に8畳ぐらいの書斎を建て増ししていたんですよ。大量の本を置き、仕事をしているという状態でした。パネル状の四角い建材をはめ込んで作った床が、ある日、本の重みで「ぼんっ」と落ちた。3月ぐらいのことかしら。おっこちたのは部屋の端。本棚の下あたりでした。

「なんだなんだ」って書斎に駆けつけると、本を積んでいたその下の部分がこのぐらい（直径1メートル強の円）にわたって陥没してたのを見つけたの。そこには鉛のような百科事典が積んでありました。重いものを積み重ねているので、床が傷みはじめ、ゆがんでしまって、すき間が広がって、最終的には抜けてしまったんでしょう。抜けたところには本がダダダッて入っちゃってるんです。だけど、床下は空洞で空気孔があって、そこからよく蛇が飛び出すっていうんで、誰も近寄らなかったわね。お寺が近かったのよ」

好子さんが言う「お寺」とは下総(しもうさ)国分寺のことである。当時、市川のあたりは今のような高級住宅地というイメージではなく、もっとのどかな場所であったという。

次にひさしの文章の真偽を訊ねてみる。

「当時は畑の中の何軒家かでしたし、隣には姉が住んでいましたから、近所が様子をうかがうなんてことはありませんでした。彼がビールを呑んだりすることもありませんでしたし、湯上がりにタオルだけという姿で家にいたことは私と結婚していた25年の間で一回もありません！

子どもたちは当時まだ赤ちゃんですから、尊敬の念失調うんぬんというのもありえない。ステレオがあったのは書斎ではなく応接室でした。うちは紙の家で、本の管理にすごく気を遣っていたので、石油ストーブなんて置いてませんよ」

本を置きすぎて床が抜けてしまったことは事実だが、枝葉の話はすべて事実ではないのだ。

「『続　家庭口論』に書いてあることはあくまで創作です。身近に起こったことが面白おかしく彼のネタになっていく。作家根性といえば聞こえが良いけど、モノを書いて露命をつないでいく人にとっては哀しいぐらいの業なんじゃないかしら」

好子さんはひさしの「嘘」に怒ったり、冷淡な反応をしめすことはなかった。誰よりも彼が書く意味を理解していたのだろう。井上ひさしは好子夫人という最大の理解者がいたからこそ作家として大輪の花を咲かせたんじゃないだろうか。彼女の話を聞いて、そのように強く思った。

では次に床が抜けた後はどうなったのだろうか。好子さんの話を続けよう。

「大工さんに来てもらって「おっこっちゃったんだけど、どうしたらいいんだろう」って相談したの。すると「こんな重い物を床の上に載せてたら、たまらないですよ。これ以上何か載せるとホントに陥没しますよ」って注意されました。そのぐらい本が積まれてたんですよね。建て売りが土地込みで500万円しなかった時代でした。私の父が計算をしていたのでよく知りませんが、20万円ぐらいかかったかしらね。そのころから、窓をつけてくれだの、本棚をつくってくれだの、しょっちゅう大工を呼んで家を直してもらっていました」

今の物価に単純換算すると補修費は200万円となる。しかし小山さんのように貯金を使い果たすどころか、しょっちゅう大工を呼んで、家のあちこちを改造していたというから、ひさしや好子さんにとって、床抜けというのは経済的にはそんなに大したことではなかったのだろう。放送作家だったころのひさしの年収は5000万円。そして作家になってからは年収が3億円を超えることすらあったそうなのだ。

とはいえ、二度も三度も床が抜けると受け止め方は違ったものになる。

「最初は「抜けた抜けた」って何だか楽しんでたんだけど、また床が抜けて、「こりゃ危ないよ」ってことになって家を建てることになったんです」

昭和50年（1975年）に市川の北国分というところに建てた自宅は敷地200坪、建坪120坪の豪邸で、部屋数19、トイレの数6を誇っていた。

「本の重みは並ではないの。そのことを分かっておりましたので、25坪ぐらいの家を書斎兼図書室として建て増ししました。そのときは土台から掘って、本の重みに耐えられるだけの鉄骨をあるだけ全部入れました。「木造なんてとんでもない、だめだ」ってことで完全に図書館を造るつもりでそこは造ったわけ。お金は倍ほどかかりました。2000〜3000万円かかったんじゃないですか、書庫だけで。その後レール式の書庫を入れてそこに本を置きました」

本の重みを知り抜いていたひさしや好子さんは図書館並の強度を持つ相当に頑丈な家を造り上げた。しかしその家も、1986年の離婚によって、結局は売りに出されることになった。

＊　＊　＊

「知の巨人」立花隆氏は地上三階地下一階のネコビルを建て、戦後を代表する小説家井上ひさしは敷地面積が200坪もある豪邸を建てた。

二人と同じように書庫を備えた建物を建てたり、所有できたりすればそれにこしたことはない。しかし三文ライターである僕に書庫を建てるだけの財力などあるはずがない。であれば、ほかにどんな解決法があるのだろうか。松原さんは言う。

「集密書架（手動もしくは電動による移動式本棚）がいい。端から端まで全部本。書架を反転できる余裕があるぐらいの幅を残せるぐらいの重さで、倒れる可能性はないんじゃないの。床はいちばん抜けにくい。端っこでゆがむという問題は起きない」

立花隆氏のネコビルにも井上ひさしの豪邸にも使われていた書架である。普段目にすることは少ないが図書館の閉架式の書架はみんなこれである。しかし経済的なことや木造アパートの床の強度を考えると、この方法も現実的ではない。もっと安い方法で床を抜けなくする方法はないのだろうか。

アパート補修の謎

『アジアの雑誌』というタイ発の日本語雑誌があった（2013年7月に休刊）。僕もときどき寄稿していた関係上、毎月、編集部から献本されてきた。この雑誌に1960～70年代の懐かしモノをテーマにしたコラムがある。執筆者のプロフィールをふと読んでいて、あ、と思わず声を上げた。「アパートの床が抜けて荷物の大移動を行った」と書いてあったからだ。

連載記事を書いているライターは黒沢哲哉さん。彼は1960〜70年代に流行った歌謡曲やおもちゃの思い出をテーマにしたコラムや、マンガの原作を数多く手がけている。おもちゃや古い雑誌の収集家としても名高く、おもちゃ博物館に自身のコレクションを預け、公開したりもしている。集めているモノの幅は広く、なかには彼自身が「世界一のコレクター」と胸を張る「昆虫採集キット」のコレクションも含まれている。

黒沢さんが今までに出版した本のタイトルを調べると、僕の処女作『僕たちの「深夜特急」』を担当したフリー編集者、首藤知哉さんと仕事をしていることがわかった。首藤さんにさっそく連絡し、事情を話すと、すぐに黒沢さんに連絡をとり、間を取り持ってくれた。僕は黒沢さんにさっそく電話し、どうやって床が抜けたのか、話を聞いてみた。

黒沢さんが書庫兼おもちゃ置き場として利用しているのは1972〜73年に建て替えた木造風呂なしのアパート。二階建てで一階と二階にそれぞれ二部屋あり、彼は一階の二部屋と二階の一部屋を借りている。補修工事前は床がすり鉢状にめり込んだり、壁は上になればなるほど内側に傾いたりしていた。床は抜けていたそうだが、小山さんのように劇的に抜けたのではない。施工のため大工さんが畳をあげたところ、ところどころ床が抜けていることが明らかになったそうなのだ。

二階の残る一室を借りていた住人が「もうちょっとしたら窓が桟から落ちる」と言って黒沢さんに傾いた箇所を見せたり、「なんとかしてくれ」と大家に苦情を寄せたりして、騒ぎ出したのが2010年の秋。アパートの状態を確認しにきた大家は、黒沢さんの部屋を見るなり「ああこれはだめだ。この荷物のせいで傾いてるんだ」と肩を落とした。ちなみにこの大家、黒沢さんの小学校時代からの友人だそうで、釘を打ったり、穴を開けたりという、普通の賃貸契約では考えられないことについても、黒沢さんには許していた。

年内に建物の補修を始めることになった。黒沢さんの借りている一階の部屋のうち4畳半のほうを先に行い、その後で6畳間も施工することになった。まずは、1ヶ月かけて4畳半の部屋の荷物を運び出した後、大工さんが工事を行ったのは結局、その年の暮れのことであった。

建物は1日で施工が終了。一階の床から二階の天井まで筋交いを通し、床板や床下の束(短い柱)などを取り替えて、床面を補強した。畳は必要ないので取り外したままだという。

震災後の2011年5月、今度は6畳間の施工にとりかかる。荷物は前もって、施工済みの4畳半に移していた。残る2室の荷物を空いたところに玉突き状態で移動させ、順々に施工したのである。

物件をひどい状態にしたことに対しての弁償――しかも三部屋もあるのだから、小山さんほどと言わなくても、相当、支払わされたのだろう。それを支払った上で、今も住んでいるということなのではないだろうか。そうした問いに対し、黒沢さんは少し意外なことを言った。

「一応、大家が払いました。修理が終わった後、家賃は月額で1万円あがってしまいましたけど」

家賃を増額することで、修理代を月賦（げっぷ）で黒沢さんに支払わせているようだが、焼け石に水ではないのか。修理代はおそらく100万円は下らないはずだ。なのになぜ大家と黒沢さんの縁は切れなかったのだろうか。壁が傾き、畳が腐り、建物が傾いて、床が抜けるほどのダメージを物件に負わせた上に100万円以上の修理代を生じさせたとすれば、いくら幼なじみだとはいえ、関係が悪化するのが普通なのではないだろうか。

補修の跡

2012年の5月下旬、黒沢さんの書庫兼おもちゃ置き場の見学に行った。都内東部にある某私鉄の小さな駅。下町の小さな、しかし観光地としては名高い駅である。駅で黒沢さんと落ち合い、挨拶もそこそこに案内してもらい、5分ほど住宅街を歩くと、物件のそばにたどり着いた。

「ここです」

建て売りの小さな一軒家の奥に、二階建て木造のかなり古びたアパートがちらっと見えた。外壁は白く、所々にひびを補修した跡が確認できる。背後には五階建てぐらいのマンションが建っていて、件(くだん)のアパートは周りを完全に包囲されている。

黒沢さんが向かって右側のドアを開けると、3畳ほどの台所があり、その奥に背丈ほどの本棚が「ヨ」の字を90度左に傾けたような配置になっている部屋が見えた。棚はごく普通のスチールや木の本棚だ。その上に本がごちゃごちゃと積み重なってある。

「ヨ」の字と書いたが、正確には「コ」の字と「二」の組み合わせである。横棒は「コ」の字と離して設置してあり、その間を通れるようになっているのだ。つまり、本棚と本棚の間は「コ」の字の通路になっているということだ。寝そべることは可能だが、本と本のすき間に寝そべるという感じになり、圧迫感がすごくてあまり現実的ではない。まさに収納に特化した書庫専用の部屋なのだ。目算するとだいたい5000~7000冊はあるだろうか。4畳半でこんなに本が置けるのかと思うとちょっと感動的ですらある。

光文社のマンガ雑誌『少年』やケイブンシャの大百科シリーズ、『がきデカ』で有名な山上たつひこの作品群、学研の『ひみつシリーズ』と僕のツボにはまる懐かしの作品が多い。まさにお宝の宝庫である。『少年』は別として、僕が小学生だった1970年代後半の古い記憶が呼び覚まされる。

「三部屋に分けて置いています。一階は本ですが二階は本とおもちゃです。二階の荷物は一階のものより軽くしてあるんです。とはいえ普通の家より重いでしょうけど」

ではいったい何冊持っているのだろうか。

「数えようがないですけど、20年ほど前に住んでいたところから出るとき、段ボール箱が260箱分必要でした。あの頃のおそらく倍はあるでしょうね」

1箱50冊としてそれが500箱あるとすると2万5000冊となる。1972年から1990年ごろまでの『TVガイド』もあり、押し入れに段ボール箱が縦に5箱積み重ねられていた。

「これでも捨てたんですよ。施工が終わって戻したら入らなくなっちゃったんで。60箱ほどかなあ。捨てたものの中には15〜16年連載した『少年サンデー』の掲載分も入っていました。あの掲載分だけで壁一面分ほどもあったからね」

「コ」の字の棚に加え、中央に縦に棚が置かれていた。床は厚さ12ミリのコンパネが敷いてあるだけで畳はない。正面奥の壁には一階の天井を突き抜ける筋交いが走っていた。

以前はというと、「本棚は前方に傾いていて、新書サイズの本が平積みの状態のまま背後にストンと落ちてしまうほどに棚と背後の壁の間が開いていました。今はもちろん、そうしたことはありませんよ」とのことだ。

名残はいくつかある。引き戸の敷居とコンパネ部分は4～5センチもの段になっているのだ。

黒沢さんは床を見ながらこういった。

「ほんとだったら桟（敷居）と床はメンイツ（同じ高さ）なんですが、そうはなってないでしょ」

5センチ床が低くなっているのは畳を取り除いているからだ。

一方、部屋の真ん中は畳があったときでも、敷居に面している部分に比べ、さらに沈み、床がすり鉢状になっていたという。

隣の6畳も同様に畳はなく、筋交いが天井を突き抜けていた。こちらで目についたのは『冒険ダン吉』の復刻版と、かなり高価なので僕自身かつて入手を断念したことのある軍艦島の資料集であった。おもちゃ置き場である二階の部屋には段ボール箱が山積していた。ここは筋交いが通っているだけで、畳は敷かれたままであった。

「施工前は部屋の中を歩くと、ぶぶぶーんぶぶぶーんと床が鳴り、カタカタカタカタと窓ガラスが震えました。ほら、音がするでしょ」

二階の床は何も手を加えていないので、確かに音がした。胸騒ぎのする音だ。一階部分はがっちり補強したそうなので、床が抜けるようなことは起きっこないのだが。

補強された黒沢さんの書庫

施工業者が明かした真相

黒沢さんが書庫として使っているアパートのリフォームを担当した大工の藤沢さんに、作業したときの様子を後日、電話で聞いた。

「「黒沢君の荷物がいっぱいで底が抜けそうなんですよ」って大家さんが言うんで行ってみると、確かに床がブワブワしていたんです。真ん中がかなり下がっていた。施工は4畳半から始めました。まずは黒沢君に荷物を片付けてもらって、畳をとったんです。親柱が腐っていれば取り壊しとなるところでしたが、畳を上げて確認すると腐っていませんでした。とはいえ床はところどころ抜けていました。畳と荷物の重さから解放されたせいか、床はトランポリンのようでしたよ。

荒床（床板）にはあちこち穴が空いてました

が、湿気が主な原因です。周りに新しい建物がたったせいで、水がドンドン流れ込んでくる。荒床をめくると、雨のあとの地面のようでした。水たまりがところどころにあるんです。束（短い柱）は3尺ごとなので4畳半で四つ、6畳で六つあります。その束を受けるコンクリートの土台が倒れたりずれたりしているんです。土にじかに打ち込んでいたりするので腐っていました。土台と鋼製束を入れ、根太を敷き、その上に垂木という細い角材を載せ、その上に荒床つまりコンパネを敷き、それをビスで留めました。そのほかに6畳の部屋も震災後に施工しました。やったことは4畳半と同じです。その他に筋交いを入れました」

黒沢さんの部屋に保管してあったたくさんの本がもし二階にあったとしたらどうなっていたのか。床は抜けてしまったのか。

「二階は二階で乾いていて床が腐ってなきゃ、そうひどい状態にならなかったと思うんですよね。とはいえ、二階が重くて傾くことは実際にあります。一方で、一階の荷物が多すぎて建物が傾いたって話は聞いたことがありませんよ」

木造でも案外、丈夫なのだ。では次に修理代の総額はいくらだったのかをズバリ聞いてみた。

「こわしと処分を入れて15万円ぐらいでしたかね。2回合わせて総額で三十数万円といったところでしょうか」

拍子抜けするぐらいに安い。修理代金を約3年で完済する計算となる。毎月1万円の家賃値上げは慰謝料や気やすめではなく、文字通り、修繕費の月賦払いを意味していたのだ。

黒沢さんがなぜ未だにアパートに住んでいられるのか。これでやっと腑に落ちた。建物が傾き、床が抜けたのは、床下の湿気による経年劣化という原因であったこと、そして修理の代金がそれほどではなかった、ということも影響しているのだろう。

小山さんのように数百万という額であれば、問題は簡単には解決せず、禍根が残ったはずだ。三十数万円という額ですんだからこそ、大家はいったん修理代を肩代わりし、その後、家賃増額という手段で黒沢さんに払わせて、手を打ったのだろう。

藤沢さんにはついでに僕や松原さん、立花隆氏のケースについても聞いてみた。

——部屋の端に本棚を置いて積み重ねると、床が上がってきて危険だと言われたんですが本当ですか？

「う〜ん、状況によりますね。古くなった建物の場合、端に重いものを置くと梁（はり）の接続部に直に重量がかかり分散されないから、金物でとめていても、抜けて床がバターンと落ちることがあります。床が上がるかどうか？　ありますよ。置いたものの重量が梁から柱へと重さがかかっていくんです。一方、（壁を支えるだけの柱と柱の間にある）間柱には重量がかからない。柱は下へ下へと沈む一方、間柱はそのままだから、敷居も鴨居も「へ」の字になって、引き戸の開け閉めができなくなったりする。よくある話です」

——鉄筋コンクリートでの床抜けは？

「木造とは根本的に強さが違う。とはいえ、床に格子状に並べる鉄筋のスラブ打ちばっかりに頼っていたらやはり危ない。スラブを壁に引っかかるようにしなきゃ」

立花隆氏は木の床が抜けただけで済んだが、よっぽどの欠陥マンションにあたってしまえば、鉄筋コンクリートといえど床が抜けてしまうかもしれないのだ。

——僕も二階の4畳半に大量の本を置いてあります。素人がどのように対処したらいいのかについて話を聞かせて下さい。

「ビスすらとめられないいんですか？　だけど、コンパネを置くだけでもだいぶ違いますよ」


古寺さんのアドバイスを受け、4畳半部屋の押し入れにはすでにコンパネが入っている。しかし畳の下には何も入っていない。今回、専門家のお墨付きをもらったのだ。今後、時間があるときにコンパネを床にも敷いてみよう。ここまで補強をすれば、しばらくは「床抜け」危機から脱することができるはずだ。

附記　黒沢哲哉さんはその後も書庫を使い続けている。しかし新たな資料については、書庫に収納せず、箱詰めして自宅に積み上げている。整理の方針が決まらないのが原因だそうだ。

3章　本で埋め尽くされた書斎をどうするか

本との格闘

調べてみてわかったのだが、本をテーマにしたエッセイや随筆、本棚を紹介する書籍や雑誌記事は読み切れないほどに存在している。「本の特集」というのは雑誌によくあるし、それどころかそれ専門の雑誌すらある。

書籍にしても「本棚拝見」や「本と著者」をテーマにした本は把握しきれないぐらいにある。そもそも作家や研究者という職業はたくさんの資料と格闘したり、取材したりして、作品や論文を作っていくようなところがある。作品や論文を作るために入手した資料がたまり、その結果、書庫の床が抜けたり、本がたまりすぎて生活スペースが圧迫されたりする作家や研究者はさして珍しくないようだ。それどころか、プロ、アマ限らずヘビーな読書家なら誰にでも降りかかる災難だということもわかってきた。

そうした身のまわりの不幸話は面白い。だから作家がネタに困れば、必ず受ける鉄板ネタとして蔵書の話が扱われる――ということらしい。僕が何の本を参考にしたのかは巻末の参考文献リストを参照してもらうとして、話を進めたいと思う。

まず紹介したいのは2008年に亡くなった評論家の草森紳一である。彼こそが本にまつわるエッセイの中でも最強クラスの体験談を書き記している。左に記すのは、『随筆 本が崩れる』に書かれていた一節である。

ドドッと、本の崩れる音がする。首をすくめると、またドドッと崩れる音。一ケ所が崩れると、あちこち連鎖反応してぶつかり合い、積んである本が四散する。と、またドドッ。耳を塞ぎたくる。あいつら、俺をあざ笑っているな、と思う。こいつは、また元へ戻すのに骨だぞ、と顔をしかめ、首をふる。

これは草森が風呂に入ろうとして本の山が崩れ、浴室に閉じ込められたときの様子である。彼の住む2DKの空間の中でまったく本が置かれていない場所は浴室のみ。寝室はもちろん、風呂場に隣接した脱衣所ですら天井近くまで本が山積みになっていた。

草森が自宅に所有する本の数は約3万2000冊、加えて帯広近郊の生家に建てられた書庫に収められた分を含めるとその倍近く、合計で約6万2000冊を所有していた。

2DKに約3万冊を詰め込むと生活に支障を来す。手前と奥に2段ずつ置いても入りきらなくなり、本棚の前に「床積み」したという。そうすると床が本で埋まってしまうため、家の中ではカニ歩きでしか移動できなくなってしまったというからすごい。そのような状態なので、気をつけて歩いていても事故は多発した。袖がぶつかっただけでも本が崩れ、ときには本の山が下部からドドッと地響きを立てて、根こそぎ倒壊することすらあったという。

そんな草森は２００５年に『随筆 本が崩れる』を出版してから３年後に逝去している。そのときの様子はちょっと尋常ではない。

部屋には所せましと本が積み重ねられており、遺体はその合間に横たわっていた。あまりの本の多さに、安否を確認しに訪れた編集者でさえ、初日は姿を見つけることができなかった、という。

（『読売新聞』２００８年7月30日付）

まさに本好きとしてはあっぱれな死に方である。だが、そんな彼ですら、床が抜けたという話は一行も書いていない。

1章に記したとおり、1平米あたりの積載荷重は、木造住宅等一般住居の場合１８０キロ、オフィスは３００キロ、図書館は６００キロである。約3万冊ある草森の蔵書を1冊あたり４００グラム、草森宅の広さを50平米とすると1平米あたり２４０キロとなる。これはオフィス並の床強度で本を均等に置いていればなんとか大丈夫という計算である。

住む空間として使っているのだから、均等に置くことは事実上、不可能だ。床抜けしなかったのは単に運が良かったからにすぎないんじゃないか。実のところかなり危機的状況だったのかもしれない。

増殖する蔵書とともに住まう一家

2章にも登場した井上ひさしの先妻、西舘好子さんはこう語る。

「結婚当時住んでいた牛込のアパートは、6畳の部屋にちょっとした板敷きがついてるぐらいでしたかね。毎日毎日、本を買ってくるもんですから、半畳の台所にたどりつくのに本を踏みつけて行くような状態でした。とにかく全部本なのよ。

そのアパートには数ヶ月しかいなくて、つぎに辻堂の鵠沼（くげぬま）の大きな家に、20畳ぐらいのお部屋二間を借りたわけ。そこでは一方が寝ているときに、もう一人が勉強したりしてました。もう一つは突き出た部分が台所になっている部屋でした。その部屋も全部本だらけになってしまいました。

あまりにもたくさん本を置きすぎて部屋が軋（きし）んだせいかしら。「雨漏りする」と注意されて、結局そこから赤坂に越しました。次が四谷、それから市川に越して……って何度も越してるんですけど、本が減ることはないわけね。で、最後に直木賞を取った後に大きな家を建てたんです。建坪120坪ぐらいでしたかね」

西舘さんの言う「最後の家」とは、離婚するまで二人が住んでいた市川市北国分の家のことである。すごいのは建坪だけではない。つけっぱなしの冷暖房により、月々の電気代は軽く60万円を超えた。編集者やファンなど来客が次から次へと押し寄せて、中には1年間住み込んだ編集者すらいたという。

2章で記した「建て増し」は、この家に施されたものである。書庫だけでなく、母屋には麻雀室や映写室も造った。しかしこの広い家も数年後には、家族の部屋の枕元まで本で埋もれた。

> 亭主の仕事部屋と、書庫。そして家族の生活する場所。初めはそれぞれきちっと決まっているわけですが、こういう調子で本を買っていきますから、本は書庫からも仕事部屋からも溢れ、廊下へ這い出し、家人たちの枕許まで窺い、インベーダーみたいに家中を占拠していく。別に一棟、書庫を建て増しても追いつかない。
>
> （『本の運命』より）

こんなことになるのも、夥しい量の本を買い続け、しかも買った本は一切捨てないからだ。

「建て増しした書庫は、最初のころは余裕があると思っていたんです。ところがそのうちに、神田の古本屋さんがトラックに本を積んでくるのよ。「こういう系統の本を探そうと思うんですよ」と電話すると、「いらっしゃらなくて結構です。こちらから伺います」って、山ほど積んでくる。それこそ店ごと持って来たんじゃないか、という量です。いちいち選んでる時間がないので、「じゃあ全部置いてってください」ということで、本代が何百万円にもなったんです」

マイケル・ジャクソンなどアメリカのセレブ芸能人が店ごと服を買ったりする話を聞いたことがあるが、井上ひさしは古本でそれをやっていたのである。なんだかぶっ飛んでいる。

しかしすべてがダイナミックかと思えば、他のことではどちらかというとせせこましく、本のことになると規格外のことをする人だったようだ。

「井上さんはすごく狭いところが好きなんです。押し入れの半畳とか、そういうところで書くんです。六つあるトイレの一つは井上さん専用でしたが、その便器の周り全部が書棚でした。すき間さえあれば本箱を作ろうっていうことなんでしょう。大工さんには毎日のように来てもらってました。

あの家にはきれいな階段や長い廊下があって、飾り窓から外が見えたんですが、「窓なんか要らない。本置くようにしろ」っていうので、そこも棚にして、本を置けるようにした。唯一、台所と食堂だけは本が置けない空間なんですが、そこはどうも居心地が悪いみたいなのね。本がないので（笑）」

献本の量はどうだったのだろうか。ちなみに2章に登場した松原隆一郎さんは、いちばん多いときで積み重ねると高さ1メートルになるほどの献本が毎月あったという。井上ひさしのところにもそれぐらい、あるいはそれ以上の本が届いていてもおかしくはない。

「送られてきた本はとっておかなかったと思いますよ。うちはお客が多いので、読みたい人にあげていました。とにかく、蔵書のうち8割は古本でした」

好子さんは、献本の具体的な数は憶えていないようであった。本が増えるスピードが速かったし、来客もひっきりなしなのである。

では実のところ、井上ひさしはどのくらいの本を持っていたのか。

好子さんとの離婚話が表沙汰になる1980年代中盤、ひさしは郷里の山形県川西町に本を寄贈している。「本と共に生きた半生」や「井上流本の読み方十箇条」を記した著書『本の運命』で、彼はトラックで搬出したときの様子を「何回も往復して、やっと全部を運んだんですが、数えてみると、雑誌も含めて十三万冊あったことがわかったんですね」と記している。さらに亡くなる少し前のインタビューをまとめた『ふかいことをおもしろく――創作の原点』では、「約20万冊まで増えた」と語っている。

他人の荷物は嫌だ

井上ひさしは夥しい書籍のコレクションについて、「配偶者は嫌だったろうな」（『本の運命』）と述懐している。好子さんが本当に嫌がったかどうかはともかく、この言葉をはじめて目にしたとき、僕はアパートに蔵書を移す直前まで本を置いていた一軒家での出来事を思い出した。

前述の通り、2006年夏、僕は仲間たちとともに東京の中野区で三階建ての4DK（鉄骨造）を借り、シェアハウスでの暮らしをはじめた。メンバーは4人、男女二人ずつだった。二階のダイニングと風呂・トイレが共有スペースで、一人ずつ個室を持つ。家賃は一人当たり4万1000〜4万3000円、光熱費も頭割りするというルールを作った。

メンバーの一人に同世代の映画監督Mがいた。Mとは立ち上げから一緒に暮らし始め、よき話し相手になった。Mは尊敬できる存在であった。ノンフィクションや小説、戦記にサブカル……と彼の旺盛な読書欲はすごいものがあった。僕がそれまでちゃんと読んだことがなかった村上龍の作品群に触れたのも、Mが一揃えほどコレクションとして持っていたからである。

Mはプラモデル作りの腕前がプロ級で、実際プラモ作り代行を副業にしていた。日々の時事ネタや芸能、国際問題、軍事問題などを二階のダイニングでしょっちゅう意見交換した。Mの存在は刺激的であった。僕にとってMはいわば親友でありライバルでもあった。彼が活躍していると、僕も頑張らねばと思った。

だが、Mにはどうしようもない欠点があった。片付けの能力が見事なほどに欠如しているのである。最初は一階のMの部屋におさまっていた本やプラモが、次第に外へあふれ出した。主にブックオフで買ってくる、ちょっと前のベストセラー小説や新書、兵器のプラモなどが共有スペースである玄関や二階のダイニングを侵食し、ひどいときにはシェアメイトが退去し空いている部屋にMの荷物が侵入したことすらあった。

Mの荷物の増え方があまりにすごいので、途中で一階から三階へ移ってもらった。三階にあった僕の書斎とMの部屋は向い合わせで、間の幅1メートルほどの踊り場に共通の本棚を設置するも、すべての棚がすぐに彼の本で埋め尽くされた。加えて踊り場の床の半分はMの文庫本や私物で埋まった。

2007年に結婚した僕は、シェアハウスの自室を書斎専用とし、夜は妻の住む近くのコーポに帰るようになった。いつのころからかMは自室で寝ず、深夜にダイニングを占領するようになった。朝になるとダイニングのフローリングに倒れ込んでいたり、同じフロアの浴室の手前の脱衣場の扉を閉め、日中、閉じこもったり、はたまた、僕の書斎の部屋のドアを開けると、中でMが横になっていることすらあった。

こうした彼の姿に出くわすたびにイライラした。それでも爆発することは少なかった。自室では狭くて寝られない、という事情がうすうす分かっていたからだ。

Mという人間は僕にとって大切な存在だ。彼としか共有できない話題は多いし、シェアハウス時代は彼との会話がなにより楽しかった。だが、空間の問題と人柄は話が別だ、ということに、アパートに荷物を移してから、気がついた。本来なら空いているはずの空間が、他人に侵食されていく日々をもう二度と味わいたくない。他人の荷物で、使える場所が使えないということに耐え続ける日々というのは、慣れはするが、知らず知らずに心理的な疲労が蓄積していくのだ。

井上ひさしの述懐を読み、まるで彼がMのかわりに、増えすぎた蔵書で人の生活空間を脅かしたことの弁解をしているように思え、僕は「そうだよそうだよ」と膝を打ったのだった。

蔵書と病気

本がたまりすぎると生活スペースを圧迫し、精神衛生上よろしくない。床が抜けたりしたら、住居を追い出された挙げ句に貯金をすべてはたいて弁済させられかねない。そうならないために、床をコンパネで補強するという応急策を1、2章で紹介した。だが、いちばん良いのは本をなくしてしまうことである。

ノンフィクション作家・イラストレーターの内澤旬子さんは、かつては本のすき間にかろうじて暮らしているような状態だったという。しかし今では、蔵書をどんどん売り払っている。なぜそこまで心変わりしたのだろうか。

内澤さんといえば、代表作の『世界屠畜紀行』は読んだことがあった。あの本で僕が抱いた内澤さんのイメージは、妹尾河童ばりの緻密なイラストを描く、文章も書けるフットワークの軽い人というもの。ガン闘病記『身体のいいなり』でエッセイ賞を獲ったことは知っていたが、未読だったこともあって、蔵書を処分しまくっているということはおろか、たくさん本を持っているということすら知らなかった。そんな僕が彼女にことさら興味を持ち、ぜひ会って話を聞いてみたいと思ったのは、「床抜け」問題が起こったからだ。問題を解決すべく、周囲の出版関係者に話を振ってみたところ、内澤さんのことが何度か話題に上ったのだ。

「一度事務所にしているマンションに伺ったことがありますが、足の踏み場がないほど、びっしりと部屋が本で埋まっていました。旦那さんの本と彼女の本、どちらのものかわかりませんが、とにかく多かった」と、知り合いの編集者は言った。

一方、その編集者同様に内澤さんのことを知る、担当の仲俣さんは「断捨離しまくっている」と言うではないか。いったい真相はどこにあるのだろうか。

折しもそのとき「内澤旬子のイラストと蒐集本展」という展示即売会がまもなく開催

されるという情報が耳に入った。それは２０１２年６月のことだ。本人も来場する機会があるそうなので、二人の言うことのどちらが本当なのか、直撃し、真相を確かめることにした。

会場に足を運ぶと、場内は大盛況だった。ひとつひとつゆっくり展示物を見ている余裕がないほどだ。直撃することを決めてから慌ててすべての単著に目を通したのだが、会場にはそれらの本で使ったイラストがだいたいそろっているようにみえた。初期の作品らしきエロ小説雑誌に添えた挿絵、『身体のいいなり』の表紙となった美しくてグロテスクなセルフヌードイラスト、『世界屠畜紀行』の一連のイラスト群、そして自ら手製本したハードカバーというものもあった。

一方、蔵書のほうは、町の古本屋では手に入るはずのない珍品ばかりがそろっていた。例えば、江戸時代の豆本、大型ディスプレイよりも大きな中国の本、牛の血を固めた樹脂が表紙のヨーロッパの聖書……といった具合である。読むための本ではなく、装丁の参考にするのだろう。革製だったり和綴じ本だったり、どこの国の文字なのかわからない変わった文字が連なる本があったり。ちょっとした装丁に関する博物館に来てしまったのかと錯覚するほどであった。よくこんなに集めたものだと素直に関心させられた。

しかし、それだけにこれほどのコレクションを売っぱらってしまいたい、捨ててしまいたい、という衝動の動機がわからなかった。こうして出すからにはすべて売り切る覚悟なくなった。

なのかもしれないが、果たしてそれでいいのだろうか。ひとつひとつ彼女のコレクション、というか商品を目にしていくうちに彼女を突き動かす衝動の正体が気になって仕方なくなった。

午後9時すぎ、会場でのトークショーを終えた内澤さんに声をかけた。僕が行くということは、仲俣さんを通じて、あらかじめ連絡してあった。

「初めまして。ライターの西牟田です。拙著を持ってきたんですが、よかったら受け取ってもらえませんか」と挨拶し、『僕の見た「大日本帝国」』の文庫版を差し出した。すると、彼女はまったく予想外のことを言った。

「読んだら売りますけど構いませんか？」

なんて明け透けな人なんだろう。この人であれば本当に断捨離をしていそうだ。手応えは十分である。

後日あらためてインタビューの機会をもらう約束をし、その日は展示即売会をあとにした。

次に紹介する話は後日、同じ会場を仲俣さんとともに訪れて話を聞いたときのものである。２０１３年に内澤さんが出版した『捨てる女』で語られている話と重複してはいるが、話を聞いた２０１２年６月時点でこの本はまだ刊行されてはいなかった。僕がもたもたしている間に詳細を本人が語った形になり、まことに格好が悪いが、「床抜け」

問題解決のため大いに参考にしたことも事実である。端折らずに、以下記すことにする。

本が嫌になった

『センセイの書斎――イラストルポ「本」のある仕事場』という本の元になった記事の取材で、彼女は作家や教授、古本屋、ジャーナリストなど31人の書斎を訪れている。内澤さんには当時の心境からまずは聞いてみた。

「そのときに、じつは自分の書斎に嫌気が差している人がけっこう沢山いたんです。でも、なぜ嫌なのか、いまいちよく分かっていなかった。たとえば、日本近代文学研究者の曽根博義さんの家の生活空間には全く本を置いていないんです。「生活空間に本を入れたくない。本を見たくない」みたいなことを言うわけですよ。

そのころ私の家は、15畳ぐらいの部屋に本棚をいっぱい置いて、布団を置くスペース以外はぜんぶ本棚という状態だったんです。ベッドではなく布団なのは、そこしか食事できる場所がなかったからです。本棚の奥行は44センチで、手前から奥まで二重、三重に入れていた。そういう置き方って、本当は絶対やっちゃいけないんです。奥に入れたものが何だか分からなくなっちゃうので」

本との付き合い方が劇的に変わったのは、2005年に判明した病気（乳癌）のせいだという。

「年齢も関係あるのかもしれないけど、あの病気がきっかけで、本当に嫌になっちゃった。2007年12月ぐらいまで、ホルモン治療が続いたんです。薬が身体にドンドン蓄積し、のぼせなどの副作用がひどくなっていきました。そのせいか、狭い空間やごちゃごちゃしたものが嫌になっちゃった。

その後『飼い喰い――三匹の豚とわたし』の取材で豚を飼うために、千葉で敷地150坪の平屋を、半年間借りました。そこだったら本も十分に置けたと思うんですが、あんまり住み心地がよくなかったので、結局戻ってくることにしたんです。2009年の秋、都内へ引き揚げるとき、その間に使ったモノを跡形もなく捨て去ったり、豚小屋を壊してきたりしました。そのとき、あんまり気持ちよかったので、「捨て癖」がついたみたいです。

現在の蔵書は以前に比べ、3分の1ぐらいになっていますね。もう1冊同じテーマで書かなくちゃいけないので、養豚の資料はまだ処分していないんですが、ほんと早く資料捨てたい、って感じです。どうしても後で必要になる屠畜と動物愛護関係と、製本・印刷関係の文献資料はまだとってあります。残ってるのは本棚4棹（本）分。それに実家に預けてある分をあわせて、全部で7棹でおさまるかどうか、といったところです。これでも以前に比べたら全然減りました。

今の家は6畳が三部屋と長い廊下。この廊下に本棚を並べられると思って借りましたが、寝る部屋には一切本を置かないので、気分的にめちゃめちゃ楽です。私は服がためない女なので、寝る部屋は服でぐちゃぐちゃなんですよ（笑）。だけど本は読みかけのが1、2冊あるだけ。寝る部屋には本棚もないし、床に積んだりは絶対しない。パソコンもプリンタもない。

配偶者との関係が破綻し、結局、離婚することになりました。配偶者は私が激変していくことについていけなかったんだと思います。それはそれで気の毒ではあったけど、私の方では生理的に本があるのが嫌になっちゃった」

それを聞き、気になったのは、彼女がいったい、誰の本を嫌がっているのか、ということだ。

「配偶者の本も床に積んだりとかいろいろあったけど、やっぱり自分の本が嫌だった。自分が所有してるってことが嫌になっちゃったんです。配偶者の持っていた本も空間的にめざわりではありましたけどそれは最初からそうでしたから。配偶者の持ち物がどうこうというより、自分の身体の変化で余命が無限でないこと、実は結構短い時間しかないかもしれないことを知ったのが大きい。

仮にあと4、5年しか生きないんだったら、いつか読めたらとか、書けたら書きたいなんて資料を持っているのがバカバカしくなってしまった。もっと身体が気持ちよくいた方がいいし、気持ちよく生きたい、と思ったんです。死ぬまで読めないかもしれない本に押しつぶされるようにして、せせこましい空間にいる意味がない。だけど配偶者の蔵書の問題だけだったら離婚はしないです。離婚の直接原因は信頼関係の崩壊ですから。ただそれもやっぱり病気になったことが大きいですね。困難にあったときに表出してしまうことというのはどうしようもない。まあ、自分としてはいろいろさっぱりできて良かったです。最近とまどってるのは身体が元気になってしまって、余命が当初想定していたよりもけっこう長そうだということくらいでしょうか」

病気によって余命いくばくもないと医者に宣告されたりしたら、どのような行動をとればいいのだろうか。生前の過ごし方、残った家族へのケア、パソコン上のデータの処分……といったことを僕はそれまで一度もシミュレーションしたことがなかった。だからこそ彼女の話はじつに身につまされた。

草森紳一や井上ひさしは死ぬまで本をため続け、対照的に内澤さんは徹底的な処分を続けている。同じ本読みでも態度は正反対である。なぜこんなに違うのか。僕は今後どのようにして本とつきあっていけばいいのだろうか。

附記　その後、内澤さんは単身、小豆島に移住。その模様を記したエッセイ『漂うままに島に着き』（朝日新聞出版）を２０１６年８月に出版した。

4章　地震が起こると本は凶器になってしまうのか

東日本大震災と本棚

「床抜け」危機からさかのぼること、約1年。そのとき僕はシェアハウスにいた――。一階のトイレに入り、ドアを閉めたところ、部屋ごと揺さぶられた。時化(しけ)た海を航行するフェリーのような横揺れだ。思わず両手を壁につき、おさまるのを待った。長年の東京暮らしで地震には慣れているつもりだったが、おさまる気配はなく、それだけに不気味だった。

揺れがおさまったところで、ほっと尿(いばり)を放ち、水を流してトイレの外に出ると、目の前の玄関先にシェアハウスの同居人Mの姿があった。玄関の上がりかまちに置いている本棚からプラモデルや本が少し崩れていて、ひとつひとつ拾って元の位置に戻していた。

「揺れたね」

「震度は4半くらいかな」

「いやもっとあるような気がする」

Mにやや悲観的なことを言われたのにもかかわらず、言葉を交わすとなんだか不安が晴れた。助け合える仲間がそばにいることの心強さに気づいたからだ。

安堵したのもつかの間、余震が来た。Mはとっさに本棚を押さえた。それを見て僕も加勢した。Mと同じように本棚の柱をグッと壁に押しつけた。

本棚はゆさゆさと揺れ、中の本やプラモデルが棚から前方にズーと出そうになるが、パニックに陥ることはなかった。先ほどよりも余震は小さかったからだ。それに本棚が天井に突っ張っていて倒れる心配を感じなかった。

数分がたっただろうか。余震が終わったところで、Mとともに本棚から手を離した。

「もう終わりなのかな」

「さあどうだろうね」

Mはまた悲観的に言った。

Mに比べると僕の方は冷静だった。いつもよりは大きかったけど日常的に起こる地震という現象のひとつ——とそのぐらいにしか捉えていなかった。

「ちょっと上をみてくる」

Mに言って、書斎のある三階まで階段を上っていく。階段には点々と本が散乱している。本をよけて上りきった踊り場には足の踏み場がなくなっていた。そのかわり本棚には本がなく、地震によって落下したことを認識した。激しい落下の様子に、今回ばかりは「地震は日常の一部」という認識を改める必要を感じた。

僕の書斎やMの部屋へと続く左右のドアは部屋の中へ押して入るつくりだった。試しに押してみると、本が落ちて遮っているというわけではなく、すんなりと中へ入れた。それでも、突っ張っていない幅・高さ90×奥行30センチの2本の本棚は前に出ないようにストッパーをしていたはずなのに、奥行と同じ分ぐらい前に動いていた。本棚に収まっていた書類や本は、ぶちまけたように派手に散乱していたが、高さがないためか、部屋の床を埋めつくすというほどではなかった。それ以外は1冊も落ちていなかった。というのも、本棚をちゃんと突っ張っていたからだ。メインの二つの本棚はもともと耐震策として天井に棒や板で突っ張って固定していたし、ドアの右内側の本棚は折しもその日、突っ張り板のついた本棚を連結し、古いものと差し替え、本を収納したばかりだったのだ。

地震が発生した日の午前中、耐震用の突っ張りをしないまま、書斎で震災を迎えていたら大変なことになったはずだ。狭い部屋なので本棚から落ちてくる本を避けきれず、頭や顔に当たってけがをしたかもしれない。かといって部屋を出て狭い踊り場から階段を下りようにも踊り場の本棚からはMの本が雪崩のように落ちて階段を塞いだから、簡単には階下へ降りられなかったはずだ。そう考えると、地震対策をしたこととといい、一階のトイレにいたことといい、幸運が重なったとしか言いようがない。加えてドアが外開きだったとしたら、本が飛び交う5・5畳の密室でけがをした上に、部屋に閉じ込められていたということになる。

被害といっても書斎の本が少々散らばっただけで、けが一つしなかったことにほっと安堵しながら、けがをしたり部屋に閉じ込められる原因になりかねない本という危険な存在に思わず戦慄した。

気持ちが落ち着かず、しばらく部屋の中で呆然としていたら、本震以来の大きな余震に見舞われた。そのとき、部屋に閉じ込められる自分の姿がふっと脳裏に浮かび、慌てて階段を下りて家の外に出た。すると、電線がしなるように揺れているのや、向かいの一軒家の乗用車のタイヤがかすかに浮いているのが見え、ただごとではないということに、改めて思いが至った。

余震がおさまったところで、子どもと家にいる妻に電話して、無事を確かめた後、徒歩4分のコーポに帰った。シェアハウスと違って、風呂場の壁にヒビが入ったり、ドアの立て付けがいかれたり、また物が少々散乱したりしたが、妻や幼い娘にけがはなかった。それに部屋の壁一面に設置していた突っ張り本棚も倒れずに本も落ちておらず、その点でも被害はごく軽微だった。建物を補修する必要はあったが、すぐに大家が「無料で直す」と確約してくれたこともあり、ひとまずこれで一件落着なのかとそのときは予想した。ところが災害の続報を知るために、つけっぱなしにしていたテレビから、大津波に海沿いの村や町、車や建物が飲み込まれていく非現実的な映像が目に飛び込んできた。

それ以降、震災の影響がいろいろと出てきた。震災当日は、ロンドンから一時帰国していた友人と食事する予定だったが、電車が止まったため、友人が新宿まで出てこられず、会えずじまいになった。その間に福島の原発が爆発し、放射性物質が東日本各地に拡散されるというとんでもない事態に陥った。

近くの民家の石の塀が5メートルほど横倒しとなって路地を塞いだり、マンションのガレージや壁面に大きな亀裂が入った。当時住んでいた自宅近くの図書館は、外壁に損傷こそないようだったが、本棚から本が崩れ、その整理もままならないのか、1週間ほど休館となった。

友人たちや知人たちの被害も、Ｆａｃｅｂｏｏｋや口づてで伝わってきた。例えば、担当編集者の仲俣さんは次の通り、ひやっとする経験をしている。

「本が崩れて内開きのドアが開かなくなり、10分程度ですが、本を取り除く作業をしたんです。逆に部屋の外にいたら、ドアが開かなくなり中に入れなくなるところでした」

僕にしても仲俣さんにしても運が悪ければ部屋の出入りができなくなるところだったのだ。

Ｔｗｉｔｔｅｒには、本棚が倒れてドアが開かなくなったとか、蔵書が雪崩みたいに落ちたとか、本棚が倒れて恐怖したとか、本が崩れてきたので戻そうにもどこにあったかわからないとか、家族と一緒に本棚を必死に押さえたとか、関東だけに限ってもさまざまな地震体験がつぶやかれていた。

自宅からほど近い書店では本が軒並み落ちてしまって臨時休業になった。埼玉北部にある出版社倉庫では本が崩れて床を埋め、売り物にならなくなったというケースを出版社のブログから知った。

もちろん東北東岸の被害はこんな程度ではすまない。「saveMLAK」という博物館・美術館、図書館、文書館、公民館の被災・救援情報を伝えるサイトには東北各地の図書館の惨状が記されていて、目を覆いたくなった。

津波に遭った図書館の被害は次のようなものがあった。

「臨時職員1名行方不明／外壁・内壁や床・天井など破損や亀裂あり。館外たたき、通路などに多数亀裂あり／貸出資料の中で、津浪(ママ)による水没・汚損に至るものが数千点に及ぶものと推測される。館内で落下した資料も数万点に及ぶ」（石巻市図書館〔宮城県〕／２０１１年4月25日時点）

「全員行方不明または死亡／津波により水没。図書館建屋は全損状態／蔵書の被害は把握不能。再開の目処立たず」（陸前高田市立図書館〔岩手県〕／２０１１年5月1日時点）

また職員は全員無事だったが、原発の被害によって、町全体が立ち入れなくなり使用が不可能となった大熊町図書館（福島県）のようなケースもあった。

東北では書店も大変だった。本という本が本棚から落下したり、東北への本の流通が滞ったため、新刊が販売できなかったりというのは当たり前。石巻の書店のように店内に泥流が押し寄せたところ、飯舘村の本屋のように撤退を余儀なくされるところもあった。さらには日本の出版用紙の約４割を生産する日本製紙石巻工場が被災し、操業が危ぶまれる、といった事態も起きた。

東京の中心部にある国立国会図書館も被害を受けたようで、かなりの冊数が床に落ちてしまったことが、関係者である友人から伝わってきた。それによると、職員総出で崩れた本の整理をしたとのことだ。耐震性がしっかり考えられた図書館だと思っていたから、かなりの数が落下したという事実に首をかしげた。

どういうことなのか、気になり、ネット検索をすると、本棚が空となり床が本で埋まっている写真が出てきた。蔵書の点数約３６００万点のうち、１８０万冊もの本が落下したというからハンパではない。震災当時借りていたシェアハウスの書斎の一部が落ちてくる様子を思い浮かべただけで、ぞっとするというのに、１８０万冊とは当たり前だが、規模が違う。いったいどんなことが起こったのか、強く気になった。しかし、それ以上に津波の爪痕や原発事故の影響が気になり、東北取材を繰り返したり、関東近隣の放射線量を測ってまわったりしているうちに、時間が過ぎていった。

床を埋めた180万冊

地震から1年あまりが経過した2012年の4月、地震のときの様子を取材するために国会図書館を訪問した。本が崩れた現場は地下八階まである昭和61年完成の新館ではなく、昭和36年と43年に造られた本館の方であった。この建物は二階分を水平に三分割した積層書庫と呼ばれる構造で、中はスチール製の同じ規格の本棚が端から端へと埋まっている。一番ひどかった現場である17層（地上九階に相当）へと、職員の方に案内してもらう。かつての現場は、棚から本が落下し床が埋まった震災直後の写真と全然違い、ジャンルごとにちゃんと本が収まっていた。

ところが、震災発生直後は大変だったようだ。案内してくれた職員は当時の様子を次のように話した。

「書架が倒れることはありませんでした。しかし本の落下が相次ぎました。本館12層以上の上層部に集中していて、約180万冊が落下しました。特に17層はほとんどすべての本にあたる約53万冊が崩れ、60センチ程の高さで通路に積み重なり、足の踏み場を探すのが大変でした。震災発生後の数日間は臨時休館して、復旧にあたりました。本館の復旧作業の他に3月18日からは東北の図書館の復旧プロジェクトも始めました。16層・17層だけでも書架から崩れた本をひとまず棚に戻すのに8日間かかりました。作業にあたったのは延べ約840人です。

書庫にはトイレはありませんし、書庫内作業の経験者ばかりではありませんでしたから、大変でした。中には復旧作業を手伝いたいと志願なさる来館者がいたのですが、丁重にお断りしました」

点検を終えたところで、478冊が破損していることが判明、崩れた本を本棚に戻した後、利用できる状態か確認したため、閲覧・複写・図書館間貸し出しのサービスが通常復旧したのは4月末であったという。

案内の職員がほっと胸をなで下ろしたのは、地震での人的被害がなかったからだ。

「木製の検索用カード入れが崩れたのですが、誰もけがをするようなことがなくて本当に良かったです」

震災時の国立国会図書館東京本館の書庫（国立国会図書館デジタルコレクションより）

本がほとんど崩れた17層の書架の間の通路に職員がいたらたちまち全身に重い本が降りかかってきて、大けがをしたところだろう。事実、1995年の阪神・淡路大震災では、全死亡者の一割にあたる約600人が本棚などの室内家具が倒れてきたことが原因で亡くなっている。死に至らなくても、本や本棚によってけがをしてしまったケースは少なからずあったはずだ。

真っ二つに割れた本棚

前出の東大大学院教授、松原隆一郎さんには震災体験についても話を聞いた。

「築50年ほどの木造平屋建ての9畳半の部屋を、月に4万5000円で書庫として借りています。そこには学生が使うような17本の木製本棚を置いているのですが、そのうちの一つが地震で左右真っ二つに割れてしまったんです。ほかの本棚は大丈夫だったのにその棚だけが真っ二つですよ。以前はけっこう整然としてて、どの棚に何の本があるかわかってたんだけど、地震のせいで使えない状態になりました」

本棚が真っ二つというのはただごとではない。

「震災が発生したとき、自宅にいました。徹夜で仕事をした後だったので、一番上の階で寝ていたんです。上の階だと地震が来て建物が倒壊しても掘り出してもらえる可能性は高い。だから寝るのはいつも上の階です。揺れたといっても、わが家は斜交い(はすかい)を通常の倍入れて補強しているので、何かものが落ちてくるといった被害はありませんでした。しかし研究室と書庫には被害がありました。大学の研究室の本棚は本がすべて落ちてしまい、1ヶ月ほど中には入れませんでした」

崩壊した書庫の本棚は、よりによって玄関口に置いてあったもの。そのため本棚や本が部屋の入り口を塞いでしまったという。

「私が聞いた限りだと、この地震はある直線方向にのみ揺れたそうです。なので本がその方向に沿って二分割されたものの、もし割れなければ本も落ちなかったようです」

今まで考えつきもしなかったが、住んでいる場所や物件の強度や高さ、そして向きなどといった条件によって、本棚が割れてしまったということらしい。とすると場所ごとに揺れる方向が決まっていて、それに合わせて、棚の位置を変えたり、耐震補強を施したりすれば、本棚が倒れたり本が飛び出したりせずに済むということなのだろうか。それとも、地震ごとにその向きというのはまったく違ったものになるのだろうか。一番良いのは、物を置かないという選択なのは間違いないが、紙の本を完全に部屋からなくすなんてことは、現実的には不可能な話だ。

話を戻そう。

松原さんが地震で被災したのは、はじめてではない。過去にも間接的にではあるが被災体験がある。1995年1月の阪神・淡路大震災で肉親が被災したのだ。

「（発生翌々日の）19日朝に、実家のある東灘区魚崎まで行き、小学校を三つ回って、ようやく肉親を見つけました。実家は全壊したんですが、両親や上の妹は無事でした。下の妹は亡くなっていました。崩壊した家の下敷きになったんです」

松原さんが補強のために自宅に斜交いを倍入れたり、上の階で寝たりするのは、阪神・淡路大震災の辛い経験があるからこそだった。

その後、復旧はどの程度進んだのか。地震から一年以上たった後なのですべて片付いたのだと思っていたら、松原さんは思いも寄らぬことを言った。

「研究室のほうは片付きました。一方、書庫のほうはもう整理する気がなくなっています」

実はこのとき、松原さんには整理をしない理由についても聞いてある。ひとたびそのことについて話し始めると、松原さんの表情は一転し、嬉しそうな口ぶりとなった。なぜ松原さんの表情が一転したのか。詳しくは後で書くことにして、話を次にすすめることにしよう。

ありすぎる「本」の存在感

地震によって本棚が崩れたケースは他にもある。草森紳一は『随筆 本が崩れる』の中で、地震に関しても大変な経験をしたことを語っている。同書を再び引用してみよう。

「ある真夜中、強い地震があり、たまたま私は寝ていて、その激しい揺れで目をさました瞬間、まるで吠えるような音をたてて本が崩れ、遠くのほうから（頭は逆方向にあるので、そうなる）私のほうに向って、ごっそり列の束のまま倒れかかってきたのである。

本能的に頭だけは掛蒲団の中へひっこめたが、私のからだの上へ、直撃落下した本が、なんどもバウンドして躍っているのがわかる。他の積んである本の群れにも、それらは衝突してなぎ倒しにする。連鎖反応である。（中略）一瞬のうち、部屋中は、散っている本で埋めつくされるという惨鼻を呈した」

ここではけがをしたかどうかは書いていない。しかし別の箇所で草森は「重いだけでなく、本には、角がある。一冊のみでも、当たりどころが悪ければ、立派な凶器となりうる」とか、若い編集者が落ちてきた本で額からわずかながら出血したことを記したりしているのだ。

2章にも記したが、地震は床抜けを誘発しかねない。それが証拠に突っ張り本棚を自宅に運んでいるとき、便利屋のスタッフはこんなことを言っていた。

「最近地震が多いじゃないですか。こないだね、地震で壊れた家を片付けに行ったんです。地震で外壁が壊れた家です。取り壊すことになってたんでしょうけど、おじいちゃん一人だけなので、運び出しに行ったんです。三階建ての三階に大量にため込んでたようで、ビデオが多かったですね。途中、床がみしっと音が鳴ったりして、あのときこそは床が抜けるかと思いました。だってその家の壁、すでに崩れてましたからね」

物体としての本の存在感は読者に読む醍醐味を与える。本を手に持ち、ページをめくりながら、目を通していくからこそ読書という体験は豊かになる。だが、その物体性故に、床が抜けそうになったり、居住空間が圧迫されたりもする。さらに、部屋に閉じ込められたり、果ては凶器となりけがをしたりとあらゆる厄介事を抱え込んでしまうのだ。

かといって一級建築士である佐藤守(仮名)さんの勧めるように電子書籍にすれば万事解決するのだろうか。たしかに電子書籍ならば床が抜けたり、地震でけがをしたりすることはない。だけど紙の本にくらべて読後感が稀薄だという印象は否めない。読む醍醐味のために危険を甘受すべきなのか。それともそこは妥協して居住性を第一に考えるべきなのだろうか。

5章　持ち主を亡くした本はどこへ行くのか

手をつけられない「祖父の蔵書」

原稿書きを長時間やり過ぎると首がちぎれそうになるほど痛くなる。そんなときは決まって、近所の整体院に行くことにしている。約1時間、足腰肩を足の裏でぎゅーっと踏まれ、首や腰を捻られバキバキと関節を鳴らしてもらうと、さあまたがんばろうという気になる。一人で切り盛りしている店なので、指名するまでもなく整体師はいつもM崎さんだ。5年ぐらい通っているので、すっかり顔なじみだし、施術中は必ず話に花が咲く。

2012年7月ごろだっただろうか。M崎さんは珍しく僕に相談を持ちかけてきた。それは、施術後、腰や首のこりが軽減され、身軽になったときのことだった。

「祖父の遺した蔵書を処分したいのですが、信用できる古本屋、知りませんか」

聞けば、だいぶ前に亡くなったお祖父さんの蔵書なのだという。

「祖父は詩人で大学教員もしていました。勤務した大学に蔵書を一部寄付しましたがまだまだ沢山あるんです」

本にまつわることを取材していると、このように身近な人から思わぬ事実を知らされることがある。Ｍ崎さんもその一人なのだった。故人の遺した蔵書というものににわかに好奇心を抱いた僕は、Ｍ崎さんにいくつか質問をぶつけた。

「蔵書は何冊あるんですか」

「数えたことはありませんが、５０００冊ぐらいはあるでしょうか。だいたいが人文書、古びて紙が茶色くなっている本ばかりです。戦前に発行された旧仮名遣いの万葉集とかを持っていまして、中学生のとき、それを読むよう祖父によく言われたものです。祖父の蔵書がどのぐらいの価値があるのか、僕にはよくわかりません。だけどとにかく祖父の蔵書を捨てたいと思っているんです」

Ｍ崎さんの口調にお祖父さんの蔵書への愛は感じなかった。それよりは、自分のものでもない、本という重くてかさばる物質に空間を圧迫され続けてきた者特有の疲れが実感としてこもっていた。

「お祖父さまの書棚って、どこにあるんですか」

「店から自転車で約15分のところにあるＥ町の一軒家です。僕が住んでいるアパートはその家の隣です」

「一軒家にはどのようにして本が置かれているんですか」

「10畳ぐらいの部屋が祖父の蔵書の部屋です。集めた本とそれを収納する本棚に部屋が埋め尽くされている、といった有様です。僕にとってはそこが実家なので、今も日常的に出入りしています。その部屋に入ることもたまにあります。集めたコミックの置き場にしているんです」

「蔵書整理のために業者を呼んだことは過去にありますか」

「ありますよ。だけどそのとき、頼んだ業者に蔵書の一部を盗まれそうになったんです。それ以来、処分に手をつけていません。信用のおける業者じゃないとお任せする気にはなりません」

業者に手をつけられたことがトラウマになっている、ということらしい。一筋縄ではいかないかもしれない。とはいえ、普段から世話になっているM崎さんなのだ。ぜひ力になってあげたい。僕は彼の申し出を了承し次のように言った。

「わかりました。知り合いを通じて、誰かいい人がいないか探してみます」

「お願いします」

このとき僕はM崎さんにひとつだけお願いをした。

「僕も現場に立ち会ってもいいですか。できれば取材させて欲しいんです」

「えっ、祖父のことなんかネタになりますか」

思わぬ申し出に驚いたのか、M崎さんは少し狼狽し、半信半疑といった様子で答えた。

僕は念を押した。

「見たことを書いてもいいですか」

「か、かまいませんけど」

M崎さんのお祖父さんのことはネットで検索するとすぐにプロフィールが出てきた。大正の初期に生まれ、生前は地方の私立大学の教授をつとめ、詩人としての活動にも精を出した。日本文学の解説や詩集・小説の書き方と、文章をどのようにして書くのか、ということをテーマにした本など出版した著書は約20冊にのぼった。亡くなったのはバブルが膨らみつつあった80年代後半、つまりは、亡くなってから四半世紀もの時間が経過していることになる。長い年月にわたって手をつけられなかったのは、なぜだろう。何か特別な理由でもあるのだろうか。

作家たちの蔵書のゆくえ

整体師M崎さんの依頼を、担当の仲俣さんにさっそく伝えてみた。すると「電子化にトピックを移す前に書いておいた方が良さそうな話ですね」と言い、大量の書籍の出張買い取りを行っている古書店主の一人に打診してくれた。5000冊、いやそれ以上の蔵書を持っていた人が亡くなると、蔵書はどこへいくのだろうか。今まで考えてもみなかったが、これを機会に考えてみることにしよう。

東京都立多摩図書館には、『路傍の石』で有名な山本有三の蔵書がコレクションされている。

山本有三文庫　1万3700冊（雑誌319誌）
故山本有三氏（小説家、劇作家　1887～1974）の旧蔵書で、1975年に遺族から東京都へご寄贈されたものです。氏が大正初期から晩年まで愛読されたもので、きわめて貴重な資料が含まれています。（多摩図書館ウェブサイト）

また『センセイの書斎』（内澤旬子・著）によると、『存在の耐えられない軽さ』の翻訳などで有名なチェコ語学者、故・千野栄一の蔵書の大半は、チェコ語講師である亜矢子夫人が守り続けているのだという。

作家の井上ひさしは先妻の好子さんとの離婚沙汰をきっかけに、郷里である山形県南部にある川西町に彼の蔵書13万冊のうち7万冊を寄贈、そのコレクションをもとに1987年、遅筆堂文庫が設立された。さらに、1994年、遅筆堂文庫を核に、劇場と川西町立図書館を併設した複合文化施設「川西町フレンドリープラザ」が完成。開設以降も井上ひさしからの寄贈は続き、現在では、資料22万点（2010年現在）を収蔵しているという（川西町フレンドリープラザのウェブサイト）。

3章に記したとおり、井上ひさしは著書の中で、川西町へ運んだ冊数を「十三万冊」、蔵書の数を「約20万冊」と語っている。この誤差は、彼自身が正確な点数を把握していなかったことや、冊数と点数という数え方の違いから、生じたのだろう。遅筆堂文庫の担当者に確認したところ、「最初に受け取った数は7万冊。現在収蔵している資料は22万点」という数字で間違いないとのこと。井上自身が遺したものについては今後増減することはないそうだ。

そのほか司馬遼太郎や松本清張のように作家の記念館に蔵書数万冊を展示物として利用しているケースもある。

恵まれたケースばかりではない。というかむしろ、無残な末路をたどるケースが大半である。たいていの蔵書は売り払われたりして散逸してしまうのだ。

「雑学の大家」「サブカルチャーの教祖」と呼ばれた評論家、植草甚一は戦後、ミステリー、ジャズ、映画などに関するエッセイを書き続けたアメリカ文化の伝道師といえる存在である。彼は自宅の二部屋を書庫兼書斎とし、約4万冊の蔵書、4000枚のレコードからなるジャズコレクションを誇っていた。

死後、レコードに関してはタレントのタモリがすべて引き取ったそうだが、蔵書は散逸したようだ。『ブルータス《本の特集》』(1980年11月1日号)には夫人である梅子さんの話が掲載されている。

あの人が亡くなってから色々整理して今はこの部屋と書庫専用の部屋と2部屋になっています。私には本のことはまるでわからないし、重荷でしかないので早く整理して身軽になりたいと思います。雑誌や新聞は随分捨てたり、近所の本屋さんなんかに持ってって貰いました。（略）亡くなった後、何人か本の整理を申し出てくれた人もいましたが、みんなお断りしました。今は晶文社の人と、主人が昔から親しくしていた本屋さんだけが面倒みてくれています。本屋さんが少しずつ整理しながら売ってくれているんです――。

記事には植草甚一の蔵書整理を手伝っている井光書店の話も紹介されている。

誰か全部まとめて引き取ってくれる人がいれば、散逸しなくて済むし有難いのだが、とても無理でしょう。（略）生かして使ってくれる人を探しています。

残念な気もするが、買い求め使用した本を市場に還元したという意味では、潔い選択なのかもしれない。資料を使いたい人のところへ回っていくはずだからだ。

次のようなケースもある。約5000冊をまとめて寄贈したいと遺言に書き残すも整理の手間や予算、書棚スペースなどの問題により、寄贈先が宙に浮いたままになったという学者の蔵書。やはり寄贈先が決まらず資料的な価値がある本だけが市場に売りに出された蔵書。このようにあまり幸せでないケースは、素人の蔵書に限らず、学者の蔵書においても珍しくないという。

落ち着き先が決まらなかったからなのか、蔵書の悲惨な末路を近所のゴミ捨て場で目にしたことがある。ブリタニカの百科事典の全巻セットや著名な作家の全集といった書籍が、紐で結ばれて紙の資源ゴミと化していたのだ。

天文学マニアだった父親の蔵書を捨てる

次は、懇意にしてもらっている作家・翻訳家の田中真知さんのケースだ。真知さんは『孤独な鳥はやさしくうたう』で次のように書いている。

父は無類の本好きだった。しかし一方で、とほうもない不精者だった。掃除や整理というものが大嫌いで、古新聞さえ出さなかった。そのため家の中は数年分もの新聞と、あたりかまわず積まれた膨大な量の本、それにおびただしい数の酒の空き瓶をまたがずには歩けなかった。そんな本とゴミの山に埋もれて、父は、居間に据えた古い天体望遠鏡の前で膝を抱えて安いウイスキーをちびちび飲んでいた。

天文学好きでもあった真知さんの父親は生前、新聞記者をしていた。慢性的なアルコール依存症で、些細なことで激しく怒り、家族にたびたび暴力をふるった。そのため、母親と弟さんが家を去り、1年後には真知さんが後に続いた。以来20年間、真知さんの父親は家に一人で暮らし続けた。

彼の父親はいったいどんな人だったのか。亡くなった後、蔵書をどうしたのか。真知さんに話を聞いてみた。

「父は人に会って話を聞く仕事をしていたのに小心者で人嫌いでした。酒を飲むと気持ちが大きくなるんですが、そのときは人を天才とバカという価値基準でしか見ないんです。クルマとゴルフとファッションが大嫌いで、憎んですらいましたね。服や持ち物には無頓着で、会社には折りたたみ式のマジックバックで出かけるんです。ある日、見かねた母親が「みっともない」と指摘すると、逆上し「バカ、これでいいんだ、バカ」って罵倒していたものです。

そんな理不尽で自分勝手で小心者で怒りっぽい父だったので、家ではけんかが絶えませんでした。夫婦げんかの原因の多くは僕です。例えば僕が何かへまをすると、父は「おまえの教育が悪い」といい、それに対して母は母で反論する。夫婦げんかが始まると本の背をながめてやり過ごしました。『冷べたい水の村』という本の黒地にタイトルが白抜きになった背表紙は今も鮮明に覚えています。

母と七つ下の弟がこの家を出て行き、父と二人で暮らすことになったのは僕が中3のときです。そのころ火星が大接近しまして、父は望遠鏡を覗いて火星を観察していました。高校受験があったので勉強していたところ、父が「おまえも火星を見ないか」って呼びに来ました。勉強を理由に断ったらものすごく怒って「受験と火星どっちが大事だと思ってるんだ！ 火星の方がずっと大事だろ‼」って怒鳴られました。

高校に入学した後、僕も家を出て、母や弟と住み始めました。以来、父は亡くなるまで一人きりで暮らしました。家族と暮らしていたときはそうでもなかったんですが、一人で暮らし始めると、元々の物が捨てられない性分に歯止めがきかなくなり、年に数回、会いに行くたびに本や雑誌、新聞が増えていました。67平米の鉄筋コンクリート造りの団地ですから床が抜ける心配はありません。しかし玄関からありとあらゆるところにまで、本が積み重なり、床が埋まっている状態でした。冷蔵庫が壊れて、新しいのを買って玄関に入れた後、それ以上奥へ入らず、玄関先に置いたまま使っていたほどです。家の奥へは、玄関をカニ歩きして中へ入っていました」

先に引用した文章は、そのころの様子である。

その後、真知さんは父親に長い旅行に出ることを告げる。するとことごとく人格や価値観を否定し、踏みにじるような言葉を返されてしまう。それを機に絶縁状態になる。

しかし亡くなる1年前の92年、無事かどうかどうしても心配になり、当時暮らしていたエジプトからの一時帰国の折に会いに行った。再会は8年振りだった。同書にはそのときのことが次のように記してある。

家の中は八年前とはくらべものにならないほど異様な相貌を帯びていた。それは文字どおり、ごみためだった。十数年間、掃除したことのない床には埃がびっしり積もり、人の通るところだけ凹んだ轍（わだち）ができていた。父はあいかわらず本に埋もれて居間の天体望遠鏡の前にいた。以前とちがっていたのは、腰を痛め、くの字型にからだを曲げたまま、床に横たわっていたことだった。

真知さんの父親は動くことが嫌いだった。そのため足が萎え、トイレに行くのが難儀となり、日本酒の一升入り紙パックに小便をして、体のまわりに並べるようになった。鼻水を拭くのも面倒なので、垂れ終わるまでじっと頭を下げていた。風呂は1年も入らず、白い髪や髭は伸び放題で、まるで仙人のような風貌になっていた。そんな父の姿を見ながら、真知さんはこれで会うのは最後だろう、と予感した。

翌93年、真知さんの予感は残念ながら的中する。旅先で訃報を知った彼はすぐに帰国し、通夜と葬式に参列する。そして部屋の整理は真知さんに委ねられることになった。

真知さんが一番時間があるということ以外に、一番付き合いがあったということも、彼に整理が任された理由なのだろう。

では真知さんの父親はどんな本を残して逝ったのか。それをどうやって整理していったのか。

「本棚は父の脳内世界です。それは僕にとって分かりようのない世界です。親に本をどっさり残されて逝かれるというのは僕にとってそれは重い経験でした。父親の大量の蔵書が置かれた空間が子どもだった自分にとって決して楽しいものではなかったからです。生活するための部屋と僕の使っていた部屋を残して後の部屋は新聞や雑誌、本を溜め放題溜めていました。新聞は朝日と毎日の２紙でタンス二つ分、約10年分の新聞で埋まっていました。元々文学肌の人だったので本は小説が多かった。教養主義というのは確かにありました。雑誌は科学や天文、あと軍事関係。『子供の科学』『天文ガイド』や『丸』ですね。そのほかに松岡正剛が編集していた『遊』を必ず買っていました。岩波文庫のたぐいもたくさんありましたが、系統立てて読むという感じの人ではなかったです。評価していたのは三島由紀夫。「佐藤栄作は１００年後消えるが三島は残る」と言って褒めていました。三島が自決したあとに発行された週刊誌の付録に『三島由紀夫最期の絶叫』というソノシートがついていたのですが、父はよくそれをかけながら酒を飲んでいました。また村上龍のことを「あいつは天才だ」って大いに評価していました。取材したことのある稲垣足穂（たるほ）やつげ義春のことも評価し、読んでいました」

話を父親の本棚の整理に戻そう。

いったいそれだけの量を一人でどうやって整理していったのか。

「寝袋を持ち込んで、カップラーメンを食べたりして、実家からの通いと泊まりこみをくり返し、１週間以上かけて、整理していきました。団地の外のゴミ捨て場に出そうにも本の数が多すぎたので古本屋を呼び、持って行ってもらいました。業者は来るなり、ざっとひととおり見て、「これは売り物にはならんなあ。いい本けっこうあるんだけど、保存状態が悪い」と言ってました。カビが生えていたり、日焼けしていたりする腐ったような状態の本が多かったんです。２、３時間かけて、買い取り分を集めて、バン一台分の本を引き取って5万円でした。残った本や雑誌はひもで縛って、機械的にどんどんゴミ置き場へ出していきました。父の住んでいた棟のゴミ置き場がいっぱいになったので、少し離れた棟のゴミ置き場に持って行ったりもしました」

父親の蔵書やその他の持ち物を整理するだけには留まらなかった。家にはかつての真知さんの部屋もあり、そこは高校受験当時のころのまま時間が止まっていた。その様子を目の当たりにした真知さんは息のつまるような思いに襲われた。十数年前の常におびえてびくびくしていたような家庭の記憶がにわかに甦ってきたからだ。しばらくして、やっと落ち着いた真知さんは、置き去りにしてきた記憶のひとつひとつに別れを告げることにした。かつての自分の持ち物の大半をゴミとして葬っていったのだ。そして最後は部屋を空にして、当時住んでいたエジプトのカイロに再び帰っていったという。

話を聞いて気になったのは残した本は全くないのかということだ。いくら恐怖や悲しみが残っているからといってすべて捨てることはできないのではないか。

「残したものは父の仕事関係のスクラップブック、父が好きだった稲垣足穂やつげ義春とか20冊ほどです。今思えば、もっと残しておけば良かったと思う本、たくさんありますよ。だけどそのときはゆっくり選別する余裕なんてなかった。それに、辛い思い出と別れを告げたいという気持ちが強かったんです」

そう言って真知さんは本棚から父親が残した稲垣足穂のサイン本を取り出した。そして「この本棚も父が使っていた物なんです」と言い、さらに続けた。

「父親が亡くなった後リフォームして、帰国後、ずっとここに住んでいるんです。単にお金がなかっただけなんですけどね」

真知さんのその言い方に取り繕うようなニュアンスを感じたが、本当のところはどうなのだろう。辛さと恐怖と悲しみ以外の、言葉にはしがたい割り切れない思いが真知さんをここに再び住まわせた、というのはうがった考えなのだろうか。

遺された人たちのプロジェクト

先に紹介した草森紳一はどうだったのだろうか。2008年に逝去した後、2DKを覆い尽くした約3万2000冊もの蔵書のその後について、彼と長年連れ添い事実婚関係にあった編集者の東海晴美さんにお話を聞くことができた。

東海さんの話は草森の最晩年のころのエピソードから始まった。2005年の夏、東海さんは草森の部屋に本人の許可なしに侵入したことがある。突然連絡が取れなくなったため、「部屋の中で倒れているかもしれない」と身を案じたのだ。その年、草森は吐血を経験していたし、地震もあった。

「ドアを開けて、ギョッとしました。視界全体が本で、足の踏み場もない。本の山を登り、奥まで行って探したんですが、トイレにもお風呂場にもいませんでした。そのとき彼は『随筆 本が崩れる』の原稿執筆のために、別の場所で缶詰になっていたことがあとでわかりました。（東海さんに同行した編集者に）「あなた瓦礫をよじ登る救助犬みたいだったわよ」と言われてしまいました」

それから3年足らずの2008年3月、無理がたたったのか、草森は突然、逝去する。

東海さんはそのときどう思ったのか。

「草森さんが亡くなったとき、蔵書は残さなきゃと思いました。2005年に本をどうするか話し合ったとき、「本からエネルギーをもらってるのよ。本は移動も処分もしない」と言っていましたし、遺児である娘や息子さんも幸い賛成してくれました。マンガから写真、美術、漢詩や書のことまで、何でも書いた人でしたから、蔵書を残すことは、物書き草森紳一の全体像を残すことだとも思いました」

ありとあらゆるジャンルの本の数々を買い集め、それらを絶対に捨てず、本のすき間でなんとか横になるという緊張感のある暮らしをしていたからこそ、草森紳一という作家の作品世界が花開いた。彼に創作のエネルギーを与えた蔵書の数々だからこそ、東海さんは残したいと思ったのだ。しかし、草森はもはやこの世にはいない。東海さんはその現実と向き合わねばならなかった。

「賃貸マンションなのでいつまでも借りているわけにはいきません（40平米の2DK、家賃は14万2000円）。床が抜けるかもしれないという不安はものすごくありました。とにかく早く（整理を）やろうってことで、引っ越し屋さんの見積りをとったんです。最初に来たアリさんマークの引越社の人は、本の洞窟に足を踏み入れて驚いたようですが、「ぜひやらせてください」と言ってくれました。次の一社は現場を見るなり、とても高い見積額を提示してきて、もう一社には「うちではちょっと」と言われて断られました。でも、室内の様子にびっくりして「ウワァ～」と言いながら、奥まで入っていく営業の人は楽しそうでしたよ。結局、アリさんにお願いすることになりました。とんでもない物件だからこそ、プロ根性が刺激されたのかもしれません」

「崩れた本の山の中から　草森紳一蔵書整理プロジェクト」のブログでくわしく報告されている通り、東海さんたちは保管場所探しを並行して行っていた。「蔵書2万冊の保管場所求む！」「まず半分でも部屋から出せたら何とかなるってことで、」というメールを知り合いに一斉に送りました。募集の甲斐あって、つきあいのある印刷所から倉庫を紹介していただけました。ワンフロア全部。100平米です。（倉庫への）引っ越しは6月でした。6〜7人の作業員が来ましたが、本が大量なので全員部屋には入れないんです。草森さんはテーマ別に本の置き場所を決めていましたから、事前に子どもたちと相談して部屋をブロックに分け、廊下はグリーン、書斎は黒とか色分けしていました。引っ越し屋さんには色テープを貼った

草森紳一の仕事場は文字どおり、本で埋まっていた（「崩れた本の山の中から　草森紳一蔵書整理プロジェクト」[2008年12月7日] より転載）

段ボール箱にその色の場所の本を詰めてもらい、ある程度まとまると台車に載せてエレベーターへ、トラックへと流れ作業でフル回転して、作業は2日間にわたりました。蔵書の半分を運び出すのに2トントラック2台が必要でした」

東海さんが草森の部屋を訪れたときの話を先に聞いていたからか、案外早く片付いたな、という印象を抱いた。結局は残った半分も倉庫に持っていくことになるわけだが。

東海さんはさらに蔵書整理を手伝ってくれる人の募集をかける。その結果、草森の担当編集者たち、友人知人、初対面の本好きなどが手を挙げた。

「作業は金曜と土曜に行いました。倉庫の真ん中に置いたパレットを作業机とし、色分けをした段ボール箱を開けてジャンル分けをするんです。ボランティアは4〜5人から、多い日で15人ほど。あのジャンルならあの人が強い、といった感じで、みなさん誘い合わせて来てくださいました。なんとなくお昼頃に集まって、疲れたら外で一服。まるで部活動のような雰囲気でしたよ」

では次に、一冊一冊、蔵書を開いていったときの印象はどのようなものであったのか。

「これを売れば少しは倉庫代が浮くかなというような豪華な書の本や美術本も、開けてみると注釈のところにまでちゃんとチェックがついていました。（どの本も）そのぐらい読み込んでいる。物書きとしての凄みを感じ、やっぱりこれは残さなきゃ、という気持ちが高まっていったんです」

草森の本を開いたときの印象はとても強いものだったらしく、作業に参加した女性スタッフもこんな風に体験を語ってくれた。

「箱を開けるたびに、児童書からポルノ雑誌まで、よくもこんな本を見つけ出すなあと感心するような、ありとあらゆる本がでてくる。しかも、付箋は貼ってあるわ、書き込みはしてあるわ、白髪ははさまってるわ。草森さんの本に触れる作業はワクワクするものでしたね」

本は倉庫のパレットの上でジャンル分けされていった
（提供：東海晴美さん）

草森の人徳なのか、蔵書整理のために集まった人材は精鋭揃いであった。

「『この本、何のジャンルかわからない、明治時代の本らしいけど』とか言うと、ハイハイってすごい勢いでどこからともなく詳しい人が現れて、とっとと分けてくれるんです。古い和綴じ本や幕末関係の本、美術関係、SF、幻想文学、精神世界、穴関係、大量のマンガ本に、文革当時の中国の原書など。ジャンルは多岐にわたっていましたが、それぞれのジャンルに強い人たちが集まっていました」

作業は着々と進み、8月にはすべての段ボール箱のジャンル分けが完了する。計731箱。それぞれのジャンルの箱数がわかったところで、本の寄贈先を求めて、東海さんは大学教授や企業の人に会いに行った。

「一括寄贈が無理なら、草森さんのライフワークだった李賀、副島種臣、文化大革命といったものだけでも生き残らせることができたらいいと、この時点では思っていました」

ある企業を通じて北海道に寄贈先が決まりかけたこともあったが、結局、10月に流れてしまう。東海さんは意気消沈した。

「倉庫代だけで毎月15万円＋αかかっていました。3月に亡くなって8月に蔵書整理が終わり、秋までには寄贈するなり、残念だけど古本屋に売るなり、決めてしまわなければと思っていました。企業のお話は具体的な段階に入っていたので、本当にガクゼン。そのころ「もう無理ね」と周囲に漏らしたりしていました。目録入力も始めていたのに、私は諦めかかっていたんです。

ところが、手伝ってくれていた人たちから「へこたれるものか」というメールが届いたり、「ブログやホームページで草森文庫の存在をアピールしましょう」と励ましがあったり。そして本当にホームページやブログを作って、目録入力も続けてくれました。そうこうしているうちに帯広市図書館の館長から「引受先が決まるかもしれない」という文面のお手紙をいただきました。心配で眠れない日もあったのですが、ついに寄贈先が決まったんです」

帯広大谷短期大学が受け入れることになり、2009年11月、草森の約3万2000冊の蔵書は北海道へ送られた。彼の故郷である音更町の支援も得られて、廃校になった小学校にまとめて収蔵され、1年後の2010年11月には部分展示を行う「草森紳一記念資料室」が大学内にオープンした。

草森の逝去から2年の歳月がすぎていた。田中真知さんの父親の蔵書や植草甚一の蔵書に比べると、遺族や関係者の理解もあって非常に幸せな着地点を見つけた、と言えるだろう。すべてが終わった今、東海さんは感慨深げに振り返った。

「このプロジェクトがうまくいったのは、人と人とのつながりのたまものです。電子ブックの時代になるとこういうことは起こらないでしょう。運ぶ必要もなければ、汗を流す必要もありませんから。経済的にも、精神的にも、体力的にも大変で、ひどい五十肩にもなってしまったけれど、おもしろかったんですね、とても。楽しかった。段ボール箱の中からどんな本が出てくるのか、みんな好奇心いっぱいで作業をしていました」

とてつもなく重く非常にかさばる約3万2000冊の書籍（最終的に草森氏が自宅に所

有していた蔵書の総数は3万1618冊）のせいで、持ち主である草森は風呂場に閉じ込められたり、血を吐いたりした。周囲の人間は生前、草森の健康を気遣ったり、部屋の床が抜けないか心配したりした。死後は死後で、残された彼らが整理のために奔走したり、倉庫代の捻出に苦しんだ。

しかしなにより本の存在感があったからこそ、草森は作家として開花したのだし、死後「なんとかしなきゃ」と有志が集まり、蔵書整理という作業に赤の他人同士が結束して、取り組むことができたのだ。

そうして、東京から送られた約3万2000冊は、現在、同町の小さな木造の元小学校で、地元ボランティアにより、さらに整理が進められているという。

以下は、東海さんの呼びかけに答えた協力者の一人がつぶやいた言葉である。

「今まで会ったことのない人たちが草森先生の蔵書整理のために集まって協力し合う。まさにロマンですね」

本が完全にデジタル化してしまえばこうはいかない。未来の人間がこのプロジェクトのことを知れば、おとぎ話にしか聞こえないのかもしれない。

「祖父の蔵書」のその後

さて、話を冒頭のM崎さんの話に戻すことにする。

仲俣さんが僕に紹介してくれた古書店主の名前は聞いたことがあった。3章で紹介したノンフィクション作家、内澤旬子さんの展示即売会に関わった人物で、内澤さんへのインタビューの中で彼女の口から出てきた名前であった。向井透史さん、「古書現世」という古本屋の二代目店主である。いったいどんな人なのか。仲俣さんに引き合わせてもらい、面談に臨んだ。

まずは今までの仕事ぶりについて、話を聞いた。

「大学には行かず、18歳でこの業界に入りました。1990年代前半のことです。そのころは古本市で2000万円の売り上げを記録することがあり、なんて楽な商売なんだと思いました。ところがゼロ年代に入ると古書目録で本が売れなくなり、今はというとさらに状況は悪くなりました。仕入れはしやすいけど売るのは大変な時代です。

本を売る手段ですが、店舗以外には即売会、わめぞ（早稲田、目白、雑司が谷の「本」関係者の緩やかな集まり。古本を中心としたイベントを不定期で開催）のイベントなどがあります。わめぞは十数人という規模でやっています。楽しみだけで商売は続きません。やはり仕事として取り組まないと。この仕事の醍醐味は、古くなり埋もれてしまった本を、値段を付け替えることで生き返らせることができる、ということに尽きますね」

彼は42歳（2012年当時）である僕よりも若く、それでいて話しぶりはしっかりとしている。経験値といい仕事に臨む態度といい申し分がない。事実、メディア業界や文壇での信頼は厚い。例えば、ノンフィクション作家の日垣隆さんは、「死んだら蔵書は向井に整理させる」と宣言しているそうだし、かつて経団連会長をつとめていた故・土光敏夫の書斎整理を文藝春秋編集部が向井さんに依頼したりもしている（その様子は『文藝春秋』２０１１年10月号に掲載された）。

３章で伝えた内澤旬子さんの「断捨離」には向井さんが関わっている。展示即売会で売れ残った彼女のイラストを一手に担い、イベントなどで売り歩いているという。託されたイラストは内澤さんへ戻すことはない。つまり彼が責任を持って、売り払っているのだ。

そうした内澤さんや故・土光敏夫といった特別なケースはともかくとして、向井さんが普段手がけている蔵書整理にはどんなケースがあるのだろうか。

「遺族の望みは「とにかく早くやって欲しい」というものです。「動かしていただけますか」と依頼があると、お宅に伺います。書棚を拝見した後、たとえば査定額を「５万円」とか伝えると、たいていお客様が払おうとするんです。というのも、遺族にとって残された本とはゴミでしかないんです。その価値を認めている人はほとんどいません。

査定をその場でやるかどうかですが、うちの場合、「あとでいい」というケースばかりです。買い取れるかどうかは本の程度によります。買い取れないほど質が悪ければそれこそ縛って資源ゴミとして出す方がよいでしょうね。

たいていは5000冊以内、運び出しはバン1台もしくは2台で足ります。古本市に通っている人なら蔵書が5000冊以上という人は珍しくないですが、1万冊以上となるとさすがに多いと感じます。本がどのぐらいあるか、玄関に本があるかどうかがひとつの基準となります。玄関が本で占拠され、中に入るのが困難な状況であれば、多いとみて間違いありません」

床が抜けるほどの蔵書持ちの部屋を手がけたことはあるのだろうか。

「今まで見た中で一番すごかったのは6畳ぐらいの和室なんですが、真ん中に布団が敷ける畳と出入り口だけを残して、三方向が天井まで本が三重に積み重なっていました。寝たきりのおばあさんのベッドが、敷き詰められた本の上にある部屋をやったときのことも印象に残っています。本を抜いていくと、下からグランドピアノが出てきたんです。そのように、いろんな部屋を見てきましたが、床が抜けた部屋というのは一度も見たことがありません」

こうした仕事はだいたい年に1回ぐらいだったが、2011年3月の震災後は依頼が増え、「今（2012年）では1、2ヶ月に1回というところ」にまでなっているという。

M崎さんのお祖父さんの蔵書の整理は引き受けてくれるのだろうか。M崎さんが僕に話したとおりの概要を向井さんに話してみたところ、向井さんは次のように答えた。

「お話を聞く限り、依頼者の棚は、国文学中心の堅実な棚なのだと思います。業者の価値を基準にしているんですが、国文学や教育学の一次的資料はともかく、研究書は現在、古書価がつかないことがほとんどですね。売りづらいです」

同じ国文学でも文芸書であれば売れる可能性はあるが、教育学の研究書となると欲しがる人が少ない、というのが実情のようだ。ともかく、向井さんは依頼について快諾してくれた。

「一度下見をしてから、バンで引き取りに行く。希望がなければ査定は後日、という流れでいかがでしょう。今月は月末の特定日以外はお伺いできますよ」

あまり良い査定額が望めないが、買い取りそのものは引き受けてくれるということらしい。

向井さんが引き受けてくれるということを、翌日、さっそく整体院に伝えに行った。

「いい古本屋が見つかりましたよ」

そう伝えると、意外なことにM崎さんの表情はにわかに曇った。

「祖母が反対しているんですよ」

彼女は蔵書の整理を頑として認めないのだという。ここでいう祖母とは蔵書の持ち主の夫人のことである。その方も含め、処分するという方向で家族間の意思統一がはかれていると思っていた。だからM崎さんの話は意外に思えた。はい、そうですか、とあっさり諦めることができない僕は質問をぶつけ、食い下がってみることにした。

「お祖母さまはどちらにお住まいなんですか」

「うちにいますよ。認知症が進んでいますが、まだ自分のことは自分でできます。だから、整理するとしても祖母が亡くなってからお願いできませんか」

お祖父さんが現役であった頃、創作の源として利用した本棚なのだ。お祖母さんは蔵書が増えていく様を長年見続けたのだろう。夫が何を考え、何を書いたのか。その痕跡が蔵書にはある。故人の思考遍歴が蔵書には残っている。つまり、故人の分身としての本棚なのである。

M崎さんのお祖母さんが現在どのぐらい記憶を保持し、判断能力があるのかはわからない。次第にお祖父さんのこともわからなくなっていくのかもしれず、そうなれば長年の家族の懸案である蔵書の整理に取り組める状態がくるのかもしれない。しかし判断ができなくなったからといって、かつての意向を無視して整理をしてしまうことは、許されることとなのだろうか。

亡くなった夫の蔵書とはお祖母さんにとって、漁師が時化た海に見つけた灯台の光のような存在なのだろう。灯台の光が消えてしまえば漁師は遭難してしまうかもしれない。同じことがお祖母さんの身にも起こりかねない。ここはお祖母さんの意思を尊重してあげるのが筋なのだろう。

「わかりました。今回の話はペンディングにしておきます」

結果を向井さんに伝えた。

すると向井さんは言った。

「高齢の遺族の中には、思い出として残しておきたい、という人が多いんです。蔵書のすべてに人格を見ているんですね」

過去の蔵書整理の経験を思い出しているのか、依頼者の気持ちをひとつひとつ確認するようなゆっくりとした口調であった。

附記　2015年、M崎さんのお祖母さんが逝去された。16年の秋、古書現世の向井さんはM崎さんの実家に何度か出向いて、蔵書をすべて引き取り、17年夏までに市場ですべてを売り切った。

6章　自炊をめぐる逡巡

本の自炊を代わりにやってもらうことは違法なのか

二つの突っ張り本棚と約200冊の蔵書を、妻子と住む自宅に移動させたその顚末については隠さずに書いた。しかし、438冊の蔵書を緊急避難させた顚末については、今まで、核心に触れないようにぼかして書くにとどめていた。これまで詳細を書かなかったのには理由がある。公表することで物書きとしての今後の仕事の展開に支障を来すんじゃないかという懸念が脳裏に渦巻き、書くことを躊躇していたのだ。

1章の記事をサイトに掲載したところ、TwitterやFacebookを通じて数百のコメントが寄せられ、その中には「自炊（電子化）すれば良い」というものもあった。その通りなのだが、かといってその作業を一人で行うのはごめんだ。うんざりするような経験を僕はすでにしているのだから。

電子書籍元年ともてはやされた2010年、自炊がちょっとしたブームになった。かくいう僕も自炊に取り組んだうちの一人だ。両面高速スキャナーであるＳｃａｎｓｎａｐ、そして裁断機を買いそろえ、さっそく２００冊ほどの蔵書を裁断、スキャンした。急ぎの仕事がない時期にまとめてやったのだが、すべての処理が終了するまでに約１週間もの時間を費やした。

かかった時間以外の面でも散々だった。スキャンのできあがりについては小田実の『何でも見てやろう』のように、裁断に失敗し、読めなくなってしまった本がいくつかあった。それほどひどくなくても均一にスキャンできず読むに堪えないデータがたくさん出来上がってしまった。肉体的な負担も気になった。裁断したときに紙の微粒子が飛散するのか次第に目や鼻が痛くなったり、裁断機のレバーを押し込むという動きを繰り返すからか上腕二頭筋や肩が凝ったりした。それになにより自炊という行為が何だか残酷なことをしているように思え、作業を繰り返していて嫌悪感が募った。

そして今回、「床抜け」危機に際し、僕も考えた。もたもたしていると床が抜けてしまうかもしれない、かといって自炊はもうやりたくない、手間をかけて集めた書籍だから廃品回収にも出したくない、だとすれば、自炊代行業者に依頼するという方法はどうだろうかと。

問題はこの手の業者が出版社から悪者扱いされているということだ。たとえば、２０１１年９月５日には出版社７社と作家・マンガ家１２２人は自炊代行業者約１００社に質問状を送っている。

それは次の通りだ。


〈質問1〉

スキャン事業を行っている多くの業者は、インターネット上で公開されている注意事項において、「著作権者の許可を得た書籍のみ発注を受け付ける」「発注された書籍は著作権者の許可を得たものとみなす」などの定めをおいています。

差出人作家は、自身の作品につき、貴社の事業及びその利用をいずれも許諾しておらず、権利者への正しい還元の仕組みができるまでは許諾を検討する予定もないことを、本書で通知します。

かかる通知にもかかわらず、貴社は今後、差出人作家の作品について、依頼があればスキャン事業を行うご予定でしょうか。

〈質問2〉
（1）貴社はスキャン事業の発注を受け付けるに際して、依頼者が実際に私的利用を目的としているか否かを、どのような方法で確認しておられるのでしょうか。
（2）貴社は、スキャン事業の、法人からの発注に応じていますか。
ご多忙とは思いますが、以上の各質問に対し、２０１１年9月16日までに、本質問書に添付の回答書により、下記の宛先までご回答下さい。

出版七社連絡会事務局

顧客が送ってきた本を裁断・スキャンした上に、そのデータを出版社や著作者に無断で転用し、電子書籍として販売・無料頒布されるのはごめんだ、という危機感・警戒感から質問状を一斉に出したのだろう。

自炊代行業者に対する業界の危機感は、出版物に密かな変化をもたらした。2010年以後、書籍の奥付に次のような但し書きが目立つようになったのだ。

「本書を代行業者等の第三者に依頼してスキャンやデジタル化することは、たとえ個人や家庭内の利用でも著作権法違反です」

「私的利用以外のいかなる電子的複製行為も一切認められておりません」

「代行業者等の第三者による電子データ化及び電子書籍化はいかなる場合も認められておりません」

やれやれ。右記の文章が奥付に記されている書籍の版元は、いずれも僕が取引をしている会社である。自炊代行業者にスキャンを依頼することが回り回って出版社の耳に入り、心証を損ねる可能性はある。最悪の場合、得意先を失うかもしれない。

ではどうすればよいのか。床が抜ける可能性を残したまま部屋に置いておくか、大量の書籍を廃品回収に出したり、売ったりするのか。出版社に嫌われるのを覚悟して自炊代行業者へ依頼するのか――。

自炊代行業者をとりまく環境について調べてみると、現在は過渡期であることがわかってきた。２０１１年12月20日、自炊代行を行う2社のスキャン差し止めを求めて作家やマンガ家7人が提訴した。その後、被告となった業者は業務を廃止したり、原告の請求を全面的に認めたりして、5月22日、原告側が訴えを取り下げるという「実質的な勝訴」となった。だからといって自炊代行がすべて違法だと言い切ることはできない。白か黒、どちらかといえばかなり黒に近いグレーと言えるのではないか。

今後、出版社に著作隣接権が認められると、著者ではなく会社が自炊業者を訴えることができるようになる。そうなれば、自炊代行業者は法的な逃げ道はなくなり、アウトになる可能性が高い。黒となればこうした業者は廃業するか、大手の印刷会社・出版社などに吸収されてしまうしか、生き残る方法はないのではないか。

自炊代行業者へ蔵書を送る

僕がとった解決策は、自炊代行業者へ４３８冊を送るというものであった。法的にグレーだとはいえ、それ以外に方法を思いつかなかったのだ。

業者によってはポリシーややり方の違いがあるはずだ。その差異を知りたかったこともあり、あえて二つの業者に作業を分散させて発注していた。

依頼した業者のひとつは質問状の送付を歓迎するメッセージを回答とともにサイトに公開し、話題になった業者Aである。

業者Aには「自炊激安パック」というプランで5箱分注文した。これは、縦横高さの合計が80センチを超えない段ボールならば、本を詰め放題、しかも送料込みで７５００円というプランである。５箱依頼したので代金は３万７５００円となった。納品されるデータはＰＤＦ（電子文書のファイル形式のひとつ）のみで、ＯＣＲ処理（スキャンによる文字認識）はない。ファイル名は日付が自動的にあてられるだけである。

業者Ｂには「のんびりコース」といって最大で2ヶ月かかるが、サイズには関係なく1冊１００円という格安プランで注文した。四つの段ボールにほぼ50冊ずつ詰め込んで、郵便局で送料４４００円を払って発送した。代金と送料を合計すると２万４４００円。A社に比べると納期は遅いし、送料も別だ。しかし、ＯＣＲやファイル名の変換もやってくれるというからありがたい。そんなに急いでいないから条件としては申し分なかった。

業者ＡとＢとでは箱詰め作業の手順が全然違っていた。業者Aの場合、床を埋め尽くした本を無造作に拾い、片っ端から詰め込むと、詰め放題とはいえ思うように入らなかった。50冊はおろか40冊だって入らない。単行本はすべて外し、文庫・新書のみを選び、向きと大きさを揃えて寸分なく詰め込んだとしても1箱あたりだいたい47冊となり、50冊にすら至らなかった。軽量化のためにカバーやオビはすでに外していたのにである。これでは1冊あたり約160円ほどもかかる計算である。思いのほか高いが、すでに申し込んでいたので、キャンセルはしなかった。仕上がりは確か25日後と記されていた。1箱あたり15キロとすれば5箱で75キロ、一度に持って運べる限界を超えている。歩いて5分のコンビニまで、台車に載せた段ボールが落ちないよう慎重に押して運んだら10分かかった。

業者Bは本の大きさが関係ないので、適当に段ボール箱を選んでは詰め込んだ。一箱50冊前後の箱を4箱、やはり台車を使って、同じコンビニまで運んだ。

自宅へ移動させた分もあわせ600冊あまりの本をアパートから運び出し、床を埋め尽くしていた本がなくなることで、部屋はようやく使えるようになった。床抜けの危機から脱し、すっきり片付いた部屋で一息ついていると、自炊代行業者へ大量の本を発送したことへの後ろめたさがそのときふとこみ上げた。「ドナドナ」の旋律が耳の奥でかすかに響いた。

すり替えられた論理

仕上がりは遅れに遅れた。先に知らせをくれた業者Aですら、返事が届いたのは注文して3ヶ月後の6月になってからであった。しかもそのメールは納品の知らせではなく、これから作業をやるという予告を伝えるものでしかなかった。

このころ『マガジン航』で、「床抜け」がシリーズ化しそうだという手ごたえを感じ始めていた僕は、かねてから気になっていた自炊代行業者に取材を依頼することにした。僕が送った本が本当に届いているのかを確認したかったし、電子データとなっていく様子やスキャン済みの紙の束が悪用されずに処理される様子を見ておきたかった。業者はどんな人たちなのか、どんな考えでこの仕事を始めたのか、話を聞いておきたかったのだ。

業者Aに取材を依頼したところ、他の業者よりも取材を積極的に受けている業者だけに、僕の依頼はすんなり受け入れられた。取材日は6月下旬と決まった。まだ2週間以上先だ。このままだと、作業場を訪ねる前に作業がすべて終わってしまうかもしれない。そこで僕は業者Aに「僕の分の作業はひとまず中断して下さい」と意向を伝えておいた。

取材の日、仲俣さんと指定された待ち合わせ場所へ向かった。都心から電車で小一時間。住宅街にある何の変哲もないマンションの一角に業者の作業場はあった。靴を脱ぎ、玄関をあがるとプラスチック製のケースが人の背の高さほど積み重ねられているのがまず目についた。

業者AのインタビューにはOさんとNさんという二人の中心メンバーが応じてくれた。

Oさんは業者Aの代表、Nさんは Aの母体であるIT会社Gの代表である。自炊代行を始めたいきさつを質問するとNさんが口を開いた。

「Aの母体であるG社はいわばウェブ屋です。今でこそ社員は8人ほど在籍していますが、十数年前に立ち上げたときは私一人だけでした。（IT技術を生かして）人の役に立ちたいと常々思っていまして、自炊代行という仕事もその一環として始めました。昨年の6月のことです」

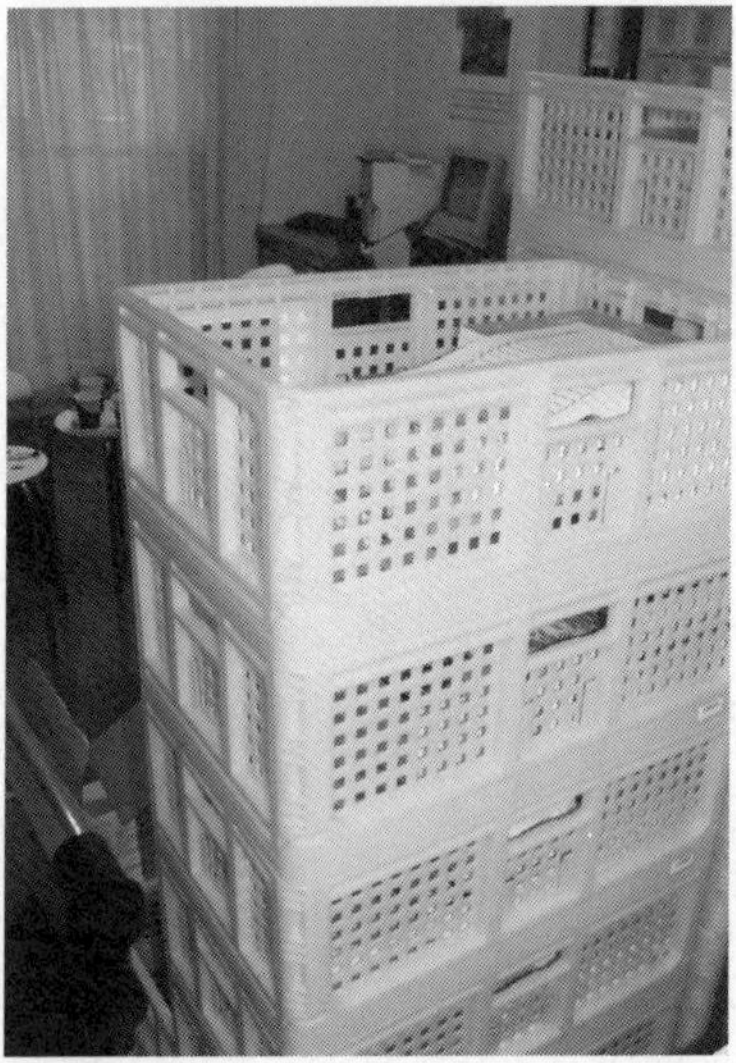

代行業者のオフィス。黄色いケースには自炊を待つ本が詰め込まれていた

驚いたことに始めてまだ1年ほどしかたっていないという。自炊代行業者が爆発的に増えたのは2010年のことだ。その中でもこの業者は後発組なのだ。これほど遅かったのはNさんがこの業務の開始に慎重だったからなのだろう。

「私自身、新しい物好きの本好きなんです。2010

年の5月にはタブレットを使って読書をするようなことを始めていましたし、引っ越しのときに泣く泣く2000冊を捨てたこともあります。Oも蔵書は数千冊あるそうです。本が好きだからと言ってすぐに自炊代行を始めたわけではありません。なぜなら、自炊代行は法律的にグレーゾーンだと承知していたからです。だから正直なところ、あまり乗り気ではありませんでした。

転機となったのは東日本大震災でした。震災の後、女性社員の一人にこんなことを言われたんです。「本が津波で流されても、電子化されていたら大丈夫だったのにね」と。それとは別に、つきあいのある出版社から「自炊代行をぜひやってください」とオファーがありました。そのように周囲からのオファーや提言が相次いだことで背中を押され、始めることにしました。ただし、一つだけ決めたことがあります。黒つまり、違法と見なされたら即止めよう、ということです」

その後、G社は自炊代行業を行うための体制造りを整えていく。パソコンとスキャナ、裁断機といった機材を用意するのはもちろん、納品用のダウンロードサーバーやウェブサイトといったシステムの構築を行ったりしたのだ。ちなみにこのシステム構築を仮にG社が請け負ったとしたら、料金は100万円になるという。それほどのシステムを用意したのだ。準備したのはそれだけにとどまらない。ウェブサイト立ち上げの際、「書籍変換宣言」という文章を掲載したのである。いったいこれはなんだろうか。

「これは「紙の本を電子データとして変換する」という私たちのポリシーをまとめたものです。他の自炊代行業者はお客さんが求めれば、裁断済みの本を返却していたんです。それだと原本は残るわけですからいわば複製にあたります。うちは立ち上げのときから考え方が違っていました。スキャンという行為を複製ではなく、「紙のデータから電子データへ変換する」ことだと捉えたんです。だから最初から原本の廃棄を謳っていたんです」

自炊代行業のアキレス腱は、著作権法違反の疑いにかけられる可能性が高い、ということだ。業者Aはその点を事前に理論武装することで回避しようとしたのである。Nさんは続ける。

「紙の本が廃棄されるわけですから、紙の本を読みたければ新たに買い求めるしかないわけです。そうすれば、紙の本を買うために読者はさらにお金を使う必要が出てくる。そうすれば経済的に回るじゃないですか。いわば、印刷の逆を私たちはやっているということになりますね。著作権法を犯すのではなく紙の本を製作・販売する出版社や書店と共存する、よい処方箋だと思うのです。一方、個人が裁断した本がネットオークションなどで売り買いされることは恐ろしいと思いますね。これは本の売れ行きを邪魔しますから」

なるほど、そこまで考えているのか。僕はNさんの理論に正直なところ感心せざるを得なかった。しかし、すぐにはたと気がついた。G社のこれまでの業務内容からすると、こうした理論武装をするのは当然なのかもしれないと。

これまでG社はIT技術により、人の役に立つシステムを提供してきた。システム構築には論理的なミス、すなわちバグがあってはならない。Nさんが「紙を電子データに変換し、原本を廃棄する」ということを立ち上げ当時から謳ったのはバグをなくすという、システム構築の基本をおさえただけのことにすぎないのかもしれない。

このようにシステムの構築だけではなく、理論武装もぬかりなくやった上で、業務を開始したのである。２０１１年６月のことであった。そして、いざフタを開けてみると予想以上の大盛況となった。開始した途端、依頼が殺到したのだ。

「バタバタと依頼が来て回らなくなったので、スタッフを増員しました。いちばん多いときで10人いたでしょうか。主なお客さんは本が好きな人、本をたくさん消費する人、蔵書が増えすぎて困っている人、海外で生活する人などです。職業はまちまちですね。強いて言えば医療関係者が多いでしょうか。ジャンルは小説がメインです。依頼のメールの中には『知ってたら２０００冊捨てずに済んだのに』というものもあり、潜在的な需要は以前からあった、ということがわかりました」

かといって儲かってウハウハという状態かというと、そうではないらしい。

「自炊代行だけでは利益が全然出ません。どちらかといえば会社の利益をつぎ込んでいます。ギリギリのカツカツです。それでも私たちはやってよかったと思っているのです。というのもウェブ屋というのはエンドユーザーと接する機会がないんです。自炊を代行することで初めてエンドユーザーと接することができた。その喜びが大きかった。持ち出ししてまでも続けている動機、それはお客さんの声が大きいですね」

6月に始めた自炊代行業務は当初、好調であったが、2011年9月6日の有名作家たちの記者会見を機に暗転する。冒頭に紹介した質問状が送られてきたのである。

「記者会見の後の夜中に社員全員で会議をしました。「悪いことはやっていないので続けましょう」という意見が出て、続行することにしたんです。会議が終わった後の午前4時にウェブに手を入れました。「質問歓迎」と大きくサイトのトップに載せました。加えて、「業務を停止しろ、と言われれば従います」という内容のメッセージを掲載しました」

話し合いの場を持とうと彼らは思ったのだ。

だが、彼らの思いとは裏腹に風当たりはきつくなっていく。

「「出版社vs.自炊代行業者」という構図が、「出版社vs.私たちの会社」という構図にすり替えられて語られるようになったからです。3ヶ月前から掲載していた宣言文が、出版社や作家さんたちに対しての、宣戦布告だと受けとられたんですね。ツイートが集中し、サーバーがパンクしました」

記者会見後の反応は好意的なものが多かったが、励まされる以上に騒動はNさんたちを疲弊させた。

取材が相次ぎ、通常業務以外にこなさなくてはならないことが爆発的に増えたからだ。

「そのころテレビのワイドショーで取り上げられたんです。すると女性社員が会議で身の危険を訴え始めました。これ以上、会社内の業務としてこなすことができないと判断し、自炊代行の依頼をすべて断りました。すでに受けてしまった分がありましたから、10月半ばまでは休まずにスキャンし続けましたが」

人の役に立つという意義は感じつつも、儲けが出ないことに加え、風当たりが強くなってきたことが自炊代行業務の中止を決断させたのだ。

その後、業務は再開されたのだが、G社とは切り離すかたちで再出発した。ここで登場するのがOさんである。病気のため退社していた彼は、社会復帰のリハビリのつもりで、個人業務として自炊代行を受け継いだのである。ピーク時には10人いたスタッフはすべていなくなり、現在、正式なスタッフはOさん一人である。僕が依頼したのはOさんだけになってからのことらしい。

「出版社との対話を求め続けています。しかし、やめろと言われればやめると思いますよ。法律が整備されれば撤退します」

二人は口を揃えた。その口ぶりには「間違ったことはやっていない」という静かな自信が込められていた。しかし一方、社会を変えてでも、自分たちの主張を貫き通すんだという、気持ちの強さまでは感じられなかった。

「自炊」という行為は屠畜に似ている

インタビューの行われている最中も、同じ部屋で、スキャンの作業は着々とすすめられていた。O・N両氏の背後には、紙の束をScansnapに差し込んでいる女性スタッフの姿があった。ほとんど引き出しのないフラットな机の上にはディスプレイとキーボード、Scansnapが2組ずつ置かれていた。背表紙の外された紙の束は1冊分しかなく、残りは机の下のケースの中に置かれている。女性の作業担当者が淡々と機械のスロットに、紙の束という単なる部位になった本の一部を差していく。1冊あたり1分もかからない。スキャンが終わると、落丁していないかを抜き打ちでチェックしていく。作業の手順に迷いはなく、まかせても安心だと見ていて思った。

女性スタッフが作業をしている脇で両氏が説明する。

「お客さんから本を受け取ると、裁断し、その後、ここに持って来ます。スキャンですが、1冊し終わるのに5分から10分というところでしょうか。抜けたページがないか10冊に1冊ぐらいの割合で確認していきますから。スキャンのみなら1～2分でできてしまいます」

　スキャンする工程はこれでだいたいはわかった。では次に、廃棄はどうしているのだろうか。紙を電子データに変換しているのだから著作権法には違反していない、というロジックを完結させるために欠かせないはずだが。

「スキャンし終わった紙の束はお客さんに返さず、産業廃棄物業者にまとめて持っていってもらいます。1ヶ月に1回ぐらいのペースですから、今日は廃棄の作業はありません」

　スキャンすると捨てる。同じ本だからといって以前スキャンしたデータを流用することはない。もしそれをやってしまうと著作権法に違反していると突っ込まれる隙を与えてしまう。だから、同じ本でも依頼されるたびにスキャンすることになる。

「『ONE PIECE』や『のだめカンタービレ』はもう見たくありません。同じ本を何回スキャンしたことか……」

　注文通り、愚直にスキャンし続けていることがこのエピソードからうかがえた。自炊代行を問題視する出版社側が懸念する転売行為をしようとするならもちろんのこと、効率を考えれば同じ本を何度もスキャンしたりはしないはずだ。というかそもそも、スキャンしたPDFデータの再利用は現実的ではないという。

「マンガにしても小説にしてもそれぞれ本の状態、たとえば紙の質は個々に違っていたりするわけです。それに、文芸作品は書き込みが多い。たまに持ち主の手紙が入っていたり、サインが書かれていたりすることもあります。再利用は現実的じゃないですよ。バレますよ。

それに、本の作りって結構いいかげんなんです。印刷がまっすぐではなく斜めになっていたり、ノリがべっとりと塗られているために開いても綴じ目付近が読めないといったことは多々あります。今日の取材の前に、西牟田さんから斜めになっているページの再スキャンを頼まれましたが、ああいったことは日常茶飯事です」

個体のエラーもまた再利用をはばむ理由となっているということらしい。ちなみに僕が依頼した再スキャンの経緯は次の通り。

自分の蔵書が電子化される様子を見届けるために、作業を一時的に停めてくれるようお願いしたのだが、1箱については6月初旬に納品されてしまった。確認したところ、数ページおきに赤い縦線がページを縦断するような形で入っている本と、全体的に傾きが顕著な本が1冊ずつあったので、やり直しをお願いしたのだ。

その2冊はすぐに修正され納品されたのだが、Oさんらは、印刷会社のミスを尻ぬぐいさせられる形で、日々、紙と格闘しているのだ。業者Aは紙の本を電子データに変換しているのだから、出版社や印刷会社と作業の流れは逆である。IT業者である彼らが日々、紙と格闘しているという現象は涙ぐましいが滑稽でもある。

さて、僕が緊急避難させた本はどうなったのだろうか。二人に訊ねると、隣の部屋に案内された。牛乳運搬用のしっかりしたものに似た、上部が開いている黄色い横長のケースがざっと積み上げられているのが見える。このケースは先ほど机の下に置かれていたのと同じものだ。その中から僕の箱の分が入ったケースを見つけ出し、床に置いて見せてもらった。ケースの中には文庫本や新書が積まれている。しつこく愛読した本、積ん読の末に業者Aに依頼した未読の本、いつ買ったのかすら憶えていないが梱包したときに見かけたことだけは間違いない本。本の扱い・入手時期・コンディションはまちまちだが、いずれもカバーがないという点では共通していた。残念なのは、いずれもすでに背表紙は切り取られていたということだ。これでは裁断の様子を観察することができない。

裁断された本を見ても特にショックは感じなかった。濃淡はあれど、個々の本に思い出がこもっているはずだ。なのに何の感情もわいてこない。一昨年、自分で裁断し、スキャンしたとき、1冊1冊とても残酷なことをしているようで、気が滅入ったのとは対照的だ。

こういうことではないだろうか。「自炊」という行為は屠畜に似ている。電気ショックを浴びせたり、額を打ち抜いたりして、家畜を絶命させる、その瞬間からの一部始終を見るのと、肩ロースやもも肉などの各部位に切断された後の牛や豚の肉を見るのとでは、受ける衝撃はまるで違う。生命体から物体へと変わる瞬間が衝撃的なのだ。「自炊」

も同じ。背表紙を切り落とされ、装幀を破壊される瞬間がなにより辛い。その段階はすでに終えているのだ。だからこそ平気なのだろう。

本の裁断を屠畜にたとえて語るのは不謹慎――そう思われる方が読者の中にいるかもしれない。では、僕が紙の裁断にショックを受けたときの心境を語るために、別の言葉で表現するとしたら、どういった言葉で置き換えればいいのだろうか。

肉を食べる目的で生き物の命を奪うという行為にしろ、本の裁断にしろ、日常生活においてその現場を見かける機会はほぼない。だからこそ見たときにショックを受ける。そうした意味でも共通しているのだが――。

さて、その後、データは順次指定のサーバーにアップされていき、7月上旬までにすべての電子データの納品が完了した。原稿を書き始めようかどうしようかと逡巡していたそのころ、業者AのOさんから電話がかかってきた。

「取材に来ていただいた後、社内で会議をしたところ、女性社員から「テレビのときのように怖い思いをしたくない。会社名や個人名は出さないで欲しい」と懇願されたんです。申し訳ありませんが、会社名や私たちの名前はすべて伏せてくれませんか」

当初、OさんとNさんの二人の実名及び会社名を記事中に発表することで、話がついていた。また、出版社サイドとの間でトークイベントを取り持ってもらえないか、と帰り際に提案されもした。「法律が整備されればやめる」と明言しながらも、彼らは自分たちの意見を採り上げてもらいたがっていたし、出版社サイドと話し合いたがっていた。そうしたこれまでの積極的な態度と比較すると、電話での態度表明はまさかと思うほどの変わりようだった。

業者Aの納品がすべて済んだのは7月下旬であった。それから程なく業者Aは新規の受付を停止した。一方、業者Bからは作業の遅れを詫びるメールが途中、一度届いただけで、納品は結局、年末にまでずれ込んでしまった。誠実だが受付を停止したAと連絡なしに納期を引き延ばすB。2社と付き合って感じたのは自炊代行業という業種の不安定さである。今後、自炊代行業という業種は、月下美人の花のように、一晩で散ってしまう、時代のあだ花となっていくのではないか。そんな気がしてならない。

附記　2012年11月27日、原告はさらにスキャン代行業者7社を東京地方裁判所に提訴した。13年9月、そして10月と判決が言い渡され、原告側の全面勝訴となった。その判決を受け、業者Aは提訴されていないにもかかわらず、自炊代行サービスの再開を完全に断念した。業者側は1社のみが控訴するも、14年10月22日に知的財産高等裁判所が業者側の控訴を棄却、再び原告の勝訴に終わった。

さらに16年3月16日、最高裁判所は代行業者の上告を受理しない決定を出し、原告勝訴が確定した。これにより「自炊代行は著作権侵害」という判断が事実上なされた。最高裁の判決が出た後もなお業者Bをはじめとする主要な代行業者は18年1月現在も営業を継続している。ちなみに僕が業者Bに注文した分については、15年10月にはすべての納品が完了している。

7章　マンガの「館」を訪ねる［前編］

とても辺鄙なところにある「館」

新宿から電車で西へ1時間あまり。電車を降り、駅の外に出て、歩き始めると周囲は次第に郊外の光景となっていった。高い建物はなくなり、そのかわりちらほら紅葉が混じる林と、うねうねカーブする渓流が現れる。橋を渡り、沿道に杉林が広がる坂道をひとしきり上ったあと、坂の途中で右に折れ、少し下る。するとこぢんまりとした集落が見えてきた。

集落の一角に目的地の建物があった。二階建ての全面が薄い水色の建物は廃校になった田舎の小学校の趣きで、思いのほか小さかった。

建物の正面には破風（はふ）の屋根があり、下には引き戸、間には満月のように黄色い看板がある。それには「少女まんが館？」と人を食ったような疑問符がわざわざつけられている。

とそのとき、同行していた仲俣さんが、建物から出て来た館主夫妻を見つけ、すかさず声をかけた。

「こんにちは。今日はよろしくお願いします」

「女ま館」を運営する中野純さんと大井夏代さんのご夫妻には共通点がある。著書を持つフリーライターで少女マンガ好きであるということだ。しかし、第一印象からは、「少女マンガの救済活動を続けねば」という強い信念のようなものはうかがえない。「館」の看板についている「？」からしてそうだが、もっと力を抜いた感じでやっている印象がある。こうした施設を運営してしまうほどの行動力や情熱を、彼らは本当に持っているのだろうか。そんなことを思いながら、僕もあいさつをする。

中野夫妻は僕ら二人を歓迎してくれた。

「ようこそこんな辺鄙（へんぴ）なところまでいらっしゃいました。さあ二階へどうぞ」

そう言って僕らを建物の中へ招き入れた。

少女マンガという遠い世界

僕とマンガのつきあいは小学生低学年のころからだ。１９８０年前後、大山のぶ代の声による『ドラえもん』のテレビアニメが放映されていたころ、人気があった月刊『コロコロコミック』を欠かさず買い、毎月、穴が開くほど読んでいた。学研の出していた学習マンガ『ひみつシリーズ』は数十冊買い集め、読破した。

中学に上がるころは『Dr.スランプ』『キン肉マン』『北斗の拳』などにはまり、『週刊少年ジャンプ』を主に愛読した。毎週読んでいるうちに『こち亀』のファンにもなり、100巻近くのコミックスのうち50冊以上を集めたりもした。そのころ月刊誌は1年分ほど、週刊誌は2、3ヶ月分ぐらいは溜めたことがあったが、親に捨てられたのか、手元に当時のマンガの類はほとんど残っていない。

大学生になってからは『ビッグコミックスピリッツ』『ヤングジャンプ』を毎週買っていた。ずっと一人暮らしだったので溜めることだってできた。しかし部屋が狭くなることを気にしたのか、当時買ったマンガ雑誌はやはり手元には見つからない。コミックスは現存しているが、残っているのは数えるほどしかない。

一方、少女マンガとなると、「目の中に星がキラキラと入っている少女キャラクターが、現実離れした恋をする」というステレオタイプなイメージしかなく、買って読んだ経験はおろか、家にそれらがあった記憶もない。読んだことがあるのは学年誌の『小学○年生』に載っていた『うわさの姫子』シリーズ、そして男の子向けのマンガ雑誌に載っていた『うる星やつら』や『あさりちゃん』ぐらいのもの。『ベルばら』すら読んでいないのだから、まったく読んでいないも同じである。読んでいるだけでクラスの友達から弱虫扱いされるかも、と思ったのも読まなかった原因なのだろう。そんなわけで少女マンガにはとっかかりのないまま大人になった。

それなのになぜ、今回は少女マンガの話なのか。それというのも1章で取り上げた「床が抜けた」事件が、マンガと深く関連していたからだ。だからこそマンガについてはいつかじっくり取り上げるべきだと、うすうす思っていた。

仲俣さんに「女ま館」を紹介され「行きませんか」と声をかけられたとき、今まで少女マンガとほとんどかかわらなかっただけに、一瞬とまどった。しかし、「今回こそがマンガを取り上げる機会なんだな」とすぐに思い直し、快諾したのだ。

マンガはかさばる。1章で紹介した鎌田剛記者取材の事件は新聞や一般雑誌・マンガ雑誌を溜め続けたために起きた。コミックはシリーズが基本で、刊行のスピードは週刊誌の連載だと数ヶ月おきと速い。古紙回収の日にビニール紐で縛られゴミとして出されている新聞やマンガ雑誌は毎週のように目にする。マンガ週刊誌を長年捨てずに溜め続けたりすれば、みるみる居住空間を圧迫してしまい、ひいては床抜けの原因となるかもしれない。

その観点からすると、「女ま館」は信じられないことをやっている。僕にとって縁遠いジャンルである「少女マンガ」だけを扱っていることは別としても、ただでさえかさばって仕方ないマンガ雑誌やコミックスを、しかも他人の所有していたものを一手に引き受け収蔵しているというのだから。

もうひとつ「ありえない」と思ったことがある。一般の人に広く公開するのであれば、都心に造ればいいものを、なぜわざわざ「女ま館」を東京の外れの山の中に造ったりしたのか。編集者に誘われて、はるばるこんなところまでやってきたのは、そうした、「ありえない」ことをやり続けている理由に興味を持ったからだ。

「女ま館」に入る

建物に入ると、すぐ正面には階段があり、立ち塞がるように上へ続いていた。床はいきなりコンクリートになっていて、天井には尋常じゃない数の根太が張り巡らされている。戦前の木造校舎なら、床は板張りのはず。とするとこの「館」はいったい、いつ造られたのだろう?

壁と壁の間には、マンガが入ったままの段ボール、そして手作りの木製の棚やスチールラックなど規格のそろっていない棚が、人が一人通れるかどうかという狭い間隔で雑然と並んでいる。すべての棚には寸分のすき間もなくマンガが並んでいて、二階へ続く階段の、段と段の間さえも棚の一部として利用している。暖色の背表紙が並ぶ様は内壁の水色と不思議と調和している。『ぶ～け』『少女フレンド』『りぼん』『花とゆめ』といったメジャー雑誌に、聞いたこともないレディスコミック。1970年代発刊の古いものがあるかと思えば最近のものもある。300ページほどの通常サイズから1000ページ近くもある分厚いものまで、ありとあらゆる雑誌、そしてコミックスがシリーズ別に並べられている。二階には読書スペースのちゃぶ台とざぶとんがあり、少女マンガの世界に長時間浸れるようになっている。

少女マンガのファンだった人であれば、懐かしさがこみ上げてきたりするのかもしれない。しかし僕は読んだことがないのだから、何を見ても懐かしくはならない。それよりも、女の子の部屋にいきなり入り込んでしまったような気恥ずかしさがあった。

『少女マンガ大事典』を作りたかった

こうした施設を造るに至った経緯やきっかけについて、「女ま館」の共同管理者である中野純さんに話を聞いた。

「1995年に、「ファーストクラス」というパソコン通信用のシステムをつかって友達とよくやりとりをしていたんです。当時はリアルでもネットでも、同じ友達どうしがつながっていました。僕の入っていたBBS（ネット掲示板）には出版関係者だけでなくデザイン関係の人やミュージシャンも参加していて、その中には今の辛酸なめ子さんもいました。

あるとき、（妻の）大井がBBSに「少女マンガが好き」と書き込みをしました。すると「実は私も」と次々に名乗りをあげる人がいました。当時は「少女マンガ好き」を公言することが憚（はばか）られるような、言いづらい雰囲気があったんです。だからこそ、少女マンガを話題にして、わーっと盛り上がったんですね」

　ＢＢＳはさらに盛り上がり、ある計画が浮上する。

「『少女マンガ大事典』のようなものを作ろう、ということになったんです。それには作品についての正確な知識が必要ですから、実際に膨大な作品を手に入れたり、それを置く場所が必要になってくる。だったら、いっそのこと少女マンガを収蔵する館を造ろう。そんな風に話が膨らんでいったんです。子どもの空想のレベルですね。夢物語のような軽い気分です。この建物を図書館とせず、ただの「館（やかた）」としたのも、そのイメージがあったからです」

　子どもの空想のような話だけに館のイメージは「お菓子の家」であった。童話の「ヘンゼルとグレーテル」に出てくる、子どもなら一度は憧れたあの家である。

　次に「女ま館」設立の具体的な経緯を語ってもらった。

「１９９７年に不定期で開けるスタイルではじめました。当時、世話人が10人いて必要経費を出し合っていました。非公開というわけではないですが、主に関係者を対象にしたプライベートな場所です。場所は日の出町（東京都の西多摩地区）。そこにしたのは、ＢＢＳメンバーのＫさんが「うちの実家空いてますけど」と言い、築１００年の古い家屋を提供してくれたからです。日の出町に落ち着いたのは偶然でしたが、結果的にはすごく意味がありました。

最初の夏に合宿をやったりして、盛り上がったんですが、出入りしてワイワイというのは最初の半年だけでした。夏以降はほとんど誰も来なくなった。僕にしても、自宅のある世田谷区の豪徳寺から通い、部屋の空気を入れ換えて掃除したら帰るか、という感じでした。そうやって自然と足が遠のいていきましたね」

「女ま館」の外観

やがて中野夫妻は大きな決断をする。

「2001年暮れ、言い出しっぺの僕たち夫婦が思い切ってこちらに移り住むことにしました。これには覚悟が要りました。我々ライターは編集者など仕事相手と簡単に会ったり、資料を得たりできるかどうかが仕事の命綱なんです。打ち合わせしたり、雑談したり、ポジフィルムを一緒に見たり、写真やゲラを手渡ししたり、といった作業をしなければ仕事が成り立ちにくい。また、資料を得るためのまともな書店、まともな図書館などは西多摩の田舎にはなかったんです。だから、こちらに引っ越すことで、仕事を失ってしまうんじゃないかと、危機意識を抱いたんです。「そのうちにネット環境が日の出町あたりでも整い、ここでも仕事ができるようになるだろう」と希望的観測をしましたが、その通りになりました（笑）。

日の出町に移り住んでからの日常ですが、来る人の数よりも届く本のほうが圧倒的に多い。「二度と読めなくなるかもしれない」という危機意識を抱いて少女マンガを集めていたので、ゴミとして出されているのを見つけたら、それも「女ま館」で引き取りました」

そのような、懸命だがちょっと突飛と思える彼らの行動に、集落の人たちははじめは不審な目を向けた。

「まわりからオウム（真理教）じゃないかと見られたりしたこともありました（笑）。だから地域活動になるべく関わるようにした。翌年、子どもができてからは、不審な目で見られなくなりました」

曜日を決めて定期的に「女ま館」を公開するようになったのは2002年8月である。その後、やはり西多摩のあきる野市に書庫ごと引っ越すことになる。

「2007年ごろ、本が増えすぎて困っていました。置ききれないんです（笑）。生活空間を侵食して最後は一部屋のみになったんです。そこで、庭に増築したいと話を地主にしたところ、突然、立ち退きの話を持ち出されたんです。自分たちで調べてみたところ、すでに競売にかかっていることに気が付きました。親戚からは「これを機会にやめたら」と言われました。しかし、「女ま館」に寄贈されたマンガにはいろんな人の思いが詰まっているんですから、ここで止めるわけには行きません。

「ある程度の距離感がいい」ということを日の出町にいた時代に知ったので、転居先として同じような東京の田舎を探しました。古民家的な家が良かったんですが、そういう家はあるじが亡くなるタイミングしか売りに出ないのでなかなか難しい。とにかく短期で見つけなくてはならず、その期限ギリギリになんとか見つけたのが今の場所です。

その後、「女ま館」を新しく建てました。竣工したのは2009年3月、オープンしたのは翌4月でした。土地は100坪。友人の建築家のエンドウキヨシさんがストックしていた建具を使い、外壁は赤土を混ぜました。そんな風にして半セルフビルド的な「館」になりました。書庫を蔵のようなものにしたい。倉庫建築として美しいものにしたいと思っていたことも、こうした造りを後押ししました。設計から本棚づくりや植樹までやってくれたエンドウさんは、阪神・淡路大震災の惨状を見て建築家になったという人です。地盤がすごく固かったのと、徹底的に筋交いを入れたこともあって、3・11のときも、一冊も落ちませんでした」

鉄筋コンクリートでもないのに、どうやってこれだけの本の重みを支えているのか不思議だったが、徹底的な補強ぶりを聞くと、なるほどと膝をうった。一級建築士の古寺さんが1章で「これは強いですよ」と言って挙げた工法を「女ま館」は採用していたのだ。

水色のイメージ

なぜこの「館」は水色なのだろう。ストレートに中野さんに聞いてみた。

「理由はいくつかあります。まず、川辺に住みたい、というのがわれわれ夫婦の念願でした。ここは秋川という川と、弁天山という「川の神様の山」に挟まれている土地なんですよ。それに少女マンガの本は、だいたい赤とかピンクといった暖色なので、水色にすることで引き立てあいます。水色というのは最高の火伏です。本にとって火は大敵ですからね。

どちらもエンドウさんのアイディアなんですが、木目や木の風合いが分かるようにペンキに大量の水を混ぜたり、いろんな人（大人も子どもも）に塗ってもらったりしました。ひとりひとり塗り方が違ってその違いがいい味になるからです。あと、竣工後に気がついたことなんですが、内壁の色が水色だとなぜか食欲がわかないんですよ。だから読書や仕事に意外と集中できるんです」

ところで、これだけの本を二人はどうやって集めていったのか。

「最初は自分の家から137冊をバックパックに詰め込んで持って来たんです。その程度の、いい加減な気持ちでのスタートでした」

最初はそれこそゴミ収集場などからもマンガの古本を収集していたが、そのうち寄贈の割合が大きくなる。

「新聞に記事が出た後、全国から寄贈が相次ぐようになりました。「明日捨てなきゃならない」とパッキングしたときに、たまたま記事を見て「ここだ」と直感し、電話をかけてきた人が本を送ってきたこともありました。大口の場合は「亡くなった家族の遺品」、それに引っ越しなどの理由が多いです。

なかにはのべ2万冊以上も送ってきてくれた人もいます。その人は、ネットオークションで競り落とした本をいったんチェックし、梱包した後、送ってくださるんです。寄贈された本のなかには、明治から昭和までの少女雑誌や1970年代以前の少女マンガ雑誌、貸本などなど、貴重なものがたくさんありました」

こうした奇特な人たちの存在は、「女ま館」が少女マンガのアーカイブとなり、価値のある本や雑誌を残して欲しいと考える応援団だと受けとればいいのだろう。

二人はふだん「女ま館」をどのようにして運営しているのだろうか。また、お客さんはどんな人が来るのだろうか。

「現在、僕たちは川崎市の百合ヶ丘に住んでいて、そこから通っています。オープンは週1回。自分たちには余裕をもってやれる、このくらいのペースが合っています。開館は土曜の午後1時から6時まで。冬期は閉めていますが、それ以外の季節は僕がここを住居や仕事場に使っています。自分の家が図書館っていうのは、すごく居心地がいい。自分と気があう人と交流したいので、そこを「半開き」にして公開しているんです。収蔵してある本はどれも読めます。入館料は無料です。僕たちは来館者を信用しています。というのも、最初、開架は6畳程度だったんですが、ずかずか入って来て荒っぽく扱うような危ない人は、わざわざここまで来ないということが分かったからです。距離が人を淘汰するんですね」

淘汰されずにやってくるのだから、ここまでやってきたお客さんは真剣だ。

「勇気を出してやっとの思いでやってくる。帰って行くときは皆、晴れ晴れとした表情です。お客さんの幸せそうな顔を見るたびに、「女ま館」を続けてきてよかったと思います」

本がどんどん増え続けたら、今後はどうするつもりなのだろうか。

「蔵書が2万~3万冊になったとき、「これでもう散逸することはないだろう。ここまでくれれば、我々が死んでしまっても社会がほっとかない。どこかが引き継いでくれるだろう」と思いました。ただ、これ以上増えると、増築用の土地は確保していますが、建てる金がない。なんとか金をつくって増築したいのですが、蔵書を引き受けて図書館をやりたいという人がいれば、無償で譲ってもいい。その一方で、「女ま館」を娘に継いで欲しいという思いもあります。シロアリに対する不安はありますが、建物は娘の代までは楽々持つはずなので」

ずっと中野さんの話を聞いていた大井夏代さんが、ここで口を開いた。

「女ま館」の内部。階段の裏側までコミックスが並べられている

「思春期に没頭して読んでいた少女マンガの繊細な世界っていうのは、多くの女性にとって「心のゆりかご」だったと思うんですね。でも、女性は実際の恋愛体験や結婚や子育てなどを通して大人になっていき、その頃の気持ちを忘れてしまいがち。封印しなくてはならなくなった少女マンガへの思いを、「女ま館」で存分に見つけてほしいと思っています」

和歌山県には淡嶋神社という人形を奉納する神社がある。女性たちの思いのこもった人形を納め、3月3日の行事「雛流し」では、手こぎ舟に満載された人形を海に流す。沖へ進んでいく無人の舟には女たちの思いがこめられている。波しぶきをうけ、ゆっくりゆっくりと沈んでいく。手を合わせたり、涙を流したりしている女性たちが岸で舟を見つめている。

大井さんの言葉で僕ははたと気がついた。「女ま館」は単なる資料のアーカイブではなく、女性たちの思いを受け止めたり、思い出したりする場なのだ、と。住宅環境や結婚などもろもろの理由によって手放されたマンガを引き受ける。そしてかつて読んだマンガを読み返し、少女時代のことを思い出す。女性たちの思いがこもったものは、なにも人形だけに限らないのだ。

近い将来、紙ではなく電子版のマンガが主流となったとき、人びとはマンガとどのように付き合っているのだろうか。そのときも「女ま館」のスタッフが少女マンガの思いのこもった荷物を受け止めたり、忘れていた気持ちをお客さんが思い出す手助けをしたりしているのだろうか。それとも今とはまったく違ったつきあい方がなされていたりするのだろうか。

現代マンガ図書館と米沢嘉博記念図書館

マンガのことをもう少し考えてみたいと思い、仲俣さんの勧めで、早稲田にある現代マンガ図書館を訪れた。これは1978年に設立された、日本初のマンガ専門図書館だ。創設者である内記稔夫（ないきとしお）は2012年に亡くなっている。

18万点に及ぶ内記の個人コレクションのほとんどがここに収蔵されている。細長いビルの二階に図書館の入り口があり、上層階は住居になっている。なぜか一階のガラス戸は閉じられていて、そこからは入れない。ガラス越しに見えるのは整理されていないマンガ本の山。衣装ケースが積み重ねられていて、まるで引っ越しの荷造り中の部屋のようだ。二階に登ると入り口が見えた。中に入るとすぐに受付があり、カウンターには手書きの索引ファイルが十数冊。あとは4人が腰掛けられるテーブルと本棚があるだけだった。

アポイントなしの訪問だったが、取材の旨を伝えると、閉架書庫を見せていただくことができた。集密書架で管理しているのかと思っていたら、置いてあるのはスチール製の本棚ばかり。大変貴重な昭和30年代頃のものとおぼしき貸本が、背表紙を見せるようにして並べられていた。古い紙のにおいのせいなのか、喉がぜいぜいし、くしゃみが立て続けに出た。

カニ歩きしなければ通れないほどの狭い間隔で本棚が置かれているのは、18万もの冊数を収蔵するためには徹底的に無駄なスペースを省かないと全然置けない、ということなのだろう。三階と四階、いずれもマンションの一室を無理矢理、書庫にしているという感じで、それだけに公共の図書館にはない手作り感があり、生涯をかけてマンガを収集し続けた内記の思いがこもっていた。

その日のうちに、明治大学の米沢嘉博記念図書館も訪れた。こちらはコミケ（コミックマーケット）の創始者としても知られるマンガ評論家の米沢嘉博が２００６年に亡くなった後、その蔵書をもとに２００９年に明治大学が設立したものだ。その一階では、内記稔夫が集めた貴重なマンガの一部を展示した小さな企画展、「内記稔夫〜日本初のマンガ図書館を作った男」がちょうど開催されていた。

かたや貸本時代からのコレクター、もうひとりはコミケの創始者。世代も背景も違う二人のコレクションだけに、隣り合わせた展示には際だったコントラストがあり、それでいて補完し合っていた。彼らが残した膨大な数の蔵書は明治大学が引き受け、最終的にひとつのマンガ・アーカイブに統合されることになっている（２０１４年12月時点で未統合）。

附記　２０１４年５月に「女ま館」を再訪したところ、中野さんに「第二女ま館が三重県に誕生することになった」という話を聞かされた。その話のとおり、２０１５年８月19日に少女まんが館ＴＡＫＩ１７３５が三重県多気郡に開館した。また２０１８年３月21日、佐賀県唐津市に、唐津ゲストハウス　少女まんが館Ｓａｇａがオープンする（２０１８年２月末時点）。

8章　マンガの「館」を訪ねる【後編】

戦後マンガ史の古層を目の当たりにする

話を現代マンガ図書館に戻そう。閲覧室と同じ二階の奥にある書庫に入った途端、胸や頭を圧迫されているような錯覚をおぼえた。部屋の端から端まで、人一人通れないぐらいの間隔で本棚が並べられ、どれもマンガ本でぎゅうぎゅう詰めになっている。棚の高さは天井の梁ギリギリの高さで、梁のない部分の天井と本棚のすき間はぎっしり本で埋まっている。

「個々に集めている方はいるかもしれませんが、これだけの規模で実物がひとつのところに集まっている例はほかにないかもしれません」

案内を買って出てくれた現代マンガ図書館スタッフの長橋正樹さんは控えめにだが胸を張った。目の前の棚には昭和30年代の貸本マンガとおぼしき古い作品の背表紙がずらっと並んでいる。その時代の貸本マンガの実物だけでも、ざっと数百冊はあるだろうか。白土三平や水木しげるというビッグネームたちがまだ駆け出しだった、貸本マンガ家時代の作品もここには置いてある。

表紙が破損したため、内記稔夫が自らカバーを手書きで作ったとおぼしき「手製カバー貸本」の背表紙が並ぶコーナーもなかには見受けられる。以前、国立国会図書館の書庫を見学したとき、その時代のマンガ雑誌を見たことはある。しかし、貸本のマンガ本をひとまとめに見たことは初めてだった。

古い貸本マンガの棚から、三階の書庫へ移動すると、景色が変わった。本棚に並んでいたカラフルな背表紙が消え、紙の裁断面ばかりが見える。雑誌を立てたとき下にくる「地」が手前に来るように寝かせて置いてある。寝かせてある分、奥行が必要になる。そのため棚には収まりきらず、棚の上から下まで棚からはみ出したかたちで収納されている。しかも、通路の両側がそうした状態なので、通路は狭い。とてもじゃないがまっすぐ奥へは行けない。通路によっては本や雑誌の束が紐で縛られ、背の高さぐらいまで積み重ねられていて前述の通り、カニ歩きでなければ奥へ進めないところもあったりする。

1章に1平方メートル当たりの床の強度を記した。鉄筋コンクリート造りの一般的なマンションやビルのテナントなどは300キロ／平米、図書館は600キロ／平米。マンガ雑誌の紙質はわら半紙のような安価で軽い紙を使っているので、文字ベースの単行本などに比べるとずっと軽い。しかし、それでも床の強度が大丈夫なのか、気になってしまう。

何か床の補強はしているのか、と訊ねると長橋さんは苦笑した。

「これといって何もしていません。床は一応コンクリートなので、抜けることはないと思うんですけどね」

床抜けの可能性があるとしても、ビル全体が本で埋まってしまった以上、すべての本を取り出して補強するわけにはいかない。大丈夫だと信じるしかない、ということのようだ。

マンガ本を集める理由

昭和12年（1937年）生まれの内記稔夫が貸本屋を開業した昭和30年（1955年）はちょうど貸本の全盛期であった。それから5年がたった昭和35年（1960年）には「貸本屋は全国に三万軒、都内にも三千軒あったといわれる。小学校の数よりも多く、銭湯の煙突をめざせばその下には必ず貸本屋があった」（『ナマズの巣』VOl.6）と言われるほどに店の数が多かったという。内記はそうした貸本屋の黄金時代という時代の波に乗り、順調に業績を伸ばしていった。

マンガ専門の図書館を造る計画が持ち上がったのは、開業から20年の歳月が流れた昭和50年（1975年）のことだ。

その年の夏、マンガ評論家の石子順造と貸本業者数名が歓談した。石子がマンガ資料館設立を提案したところ一同は大いに賛同した。そして昭和51年（1976年）春、マンガ資料館の設立を目標とした団体「貸本文化研究会」が発足した。機関誌を出したり、例会が開催されたりという地道な活動の結果、同業者から貸本マンガの寄贈やカンパが少しずつ集まるようになった。折しもそのころ、メンバーの一人であった内記の自宅前の道路を拡張整理することになり、立て替えを迫られる。立ち退きに応じ、跡地にビルを建てた内記は、その建物の二階の一室をマンガ資料館として、研究会に提供することにした。こうして昭和53年（1978年）、日本初のマンガ専門図書館「現代マンガ図書館〈内記コレクション〉」が誕生する。当初の蔵書は約3万冊で、その内訳は内記の蔵書が2万7000冊、各地の貸本屋からの寄贈本が3000冊であったという。その後、内記は大宅壮一文庫を参考にマンガの資料の収集・整理につとめた。そして2012年に74歳で命が果てるまで、マンガを集め、整理し続けたのである。

亡くなった後も増殖し続けるコレクション

同人誌を除く、日本のマンガをすべて揃える勢いで、長年収集し、散逸せずに残せたのは、この六階建てのマンションが内記家の持ち物件だったからこそだ。そうでなければ、このような使い方は無理なのではないだろうか。建物の名前はビルデンスナイキ。1978年にこのマンションが建てられたとき、所有者は内記稔夫とその父親であった。

内記は生前、次のように語っている。

「とくに自分の好きなマンガだけを集めたんです。マンガに関係あるものなら何でもかんでも、集めていました。このビルの中にぎゅうぎゅう詰めにして置いてあります」

作者名の五十音順や長編・短編、本の判型などの条件によって並べられている。その数はざっと18万点。

「現代マンガ図書館」のパンフレットによると、収集しているのは主に戦後国内で発行されたマンガの単行本や雑誌、マンガの入門書・評論集。歴史の本で、古くは昭和3年の『現代漫画大観』から最新の人気作品までを揃えている。中でも「貸本マンガ」のコレクションは随一の規模・質となっているそうだ。

現代マンガ図書館の外観。明治大学の管理下に入ったため、名称に大学名が加わった

　オープン当時からできるだけすべてのマンガを残していこうという方針を持っていて、その

点は今も貫かれているという。「18万冊」ではなく、「18万点」としているのはマンガだけでなくキャラクターグッズやアニメのカレンダーやポスターなど補完資料を含んでいるからだ。

それにしても不思議なのは、これだけの点数をすべてこの建物の中に収蔵できているのか、ということだ。そう訊ねると、長橋さんはこう答えてくれた。

「書庫からはすでにあふれています。この階よりも上には未整理の本を置くのに二部屋使っています。五～六階が住居で、三～四階が書庫として使用中。なお、四階の二部屋に未整理の本が置いてあります。そしてこの建物の他に倉庫にも置いています。新刊の整理は、とてもじゃないですが追いつかないですね」

2012年6月に内記が亡くなった後も蔵書の数は増え続けている。マンガ雑誌やコミックスをなるべく完全なかたちで集めるという目的があるため、マンガが発刊され続けている限り、コレクションの数は増え続けるのである。

「今も毎日、取次から新刊が届きます」

その言葉を聞いて『ドラえもん』に登場したある道具のことを思い出した。道具とは「バイバイン」という薬品である。これを1滴、振りかけると物が倍に増える。のび太が試しに栗まんじゅうに振りかけたところ食べきれなくなり、しまいにはドラえもんがロケットを使って宇宙へ運び出さざるを得なくなる——というあらすじだった。

内記の死後、着々と増え続けるマンガも、「バイバイン」で増えた栗まんじゅう同様、手がつけられなくなるぐらいに膨張してしまうのではないか。この図書館はおろか地球全体をマンガで埋め尽くすのは時間の問題となり、しまいには、ドラえもんは栗まんじゅうが増殖したときと同じく増え続けるマンガをロケットで宇宙空間に運び出す――そのようなありもしない妄想を抱いてしまった。

現代マンガ図書館の書庫。狭い通路なのでものすごい圧迫感

貴重な貸本時代のマンガも大量に保存されている

父の蔵書を受け継ぐということ

日を改めて、現代マンガ図書館を再訪し、現代マンガ図書館の責任者である、次女の内記ゆうこさんにお話を聞いた。ゆうこさんは僕と同じ1970年生まれ。とすると1978年の現代マンガ図書館設立のときからビルデンスナイキに住み、大量のマンガに囲まれて暮らしていたということなのだろう。

僕が小学生だったころ、コインを握りしめて、近くの本屋まで『コロコロコミック』を買いに行ったものだ。買い切れないぐらいの小遣いがあったり、家がマンガだらけなら日がな一日マンガばかり読んでしまっていたかも知れない。ゆうこさんはまさにそれが可能な環境で育ったのだ。うらやましすぎる。

そこで気になるのは非常に特殊な環境で生まれ育ったことで、どっぷりとマンガ浸けの生活を送ったりしたのだろうか、ということだ。またそうした環境がその後の人格や趣味に影響を与えたりしているのだろうか。

ゆうこさんに質問をぶつけると、苦笑しながら答えてくれた。

「どちらかというと私はそういうのはなかった方です。「私が生まれ育った環境にマンガがたくさんありすぎるから拒否反応を起こしている」って父は言っていました。他の人に「私あんまり読まないんです」と言うと「そうなんだ。こいつは読まないんだよ」

って。拒絶というのとはちょっと違うんですが――。二つ上の姉は逆にマンガにどっぷり浸かっている方で、同人誌を作ってコミックマーケットに出展するほどのマンガ好きでした。図書館の上が住まいでしたので、降りてくればただで読めるんです。ここで一冊ずつ雑誌やコミックスを残していますから。ここと別に父は近くで貸本屋をやっていましたからそこでも読めたりするわけです。そういった環境なのに、姉は好きなマンガを自分で買って読んでいました。主婦になった今もたぶんマンガを買ってるんじゃないかな。弟は1973年の早生まれなので私よりも二つ下です。雑誌は読んでいましたけど、そんなに読みふける方ではなかったですね。祖父や父のやっていた不動産屋を継いで、結婚して独立しています。店はちょうどこの古本屋のとなりです」

実際、どのぐらいのマンガが書庫に置いてあったのだろうか。マンガとの共存はできていたのだろうか。訊ねると次の通り、答えがかえってきた。

「三～四階の書庫や二階のカウンターのまわりに本があるのはいいんです。だけど、住まいとして使っている部屋に本を持ってこられるとイラッとしました（笑）。実際、マンガの束が廊下などに積んでありましたから。でもそれだと、本来使えるはずのスペースが使えないわけです。ゴミなら捨てられるけど、集めているものだから捨てられない。なのに、父がいつ整理をするのか分からない。だから、「ちょっと置かせて」と父に言われると「いつまで」って即座に聞いていましたね」

居住スペースに侵食してこなければOKということは、住まい以外の場所であれば、建物内にものすごい数のマンガが置いてあっても構わない、ということだ。すでに記したとおり、この建物には入りきらないぐらいのマンガがぎゅうぎゅう詰めになっている。すでに限界に達しているのだ。そうなると聞きたいのが、「床抜けの恐れ」についてだ。長橋さんにも聞いたことではあるが、「床が抜けるかもしれない」と心配をしたことはあるのだろうか。しつこいかもしれないが、ゆうこさんにも訊ねてみた。すると、彼女はふたたび苦笑した。

「96年に働き始めたとき、これ、いつか底が抜けちゃうんじゃないかって思いました。その不安は今もありますね。誰も経験したことのない重みですからね。計算はしてませんがおそらく重量オーバーでしょう」

鉄筋コンクリートの建物が本の重みによって崩れるとはにわかに考えがたい。しかし、内記のコレクションの途方もない規模の大きさからすると、あり得なくもない。とはいえすべての本を持ち出して重さと建物の強度をはかることはすぐにはできない。コレクションが統合されるときまで、不安を抱えつつも、大丈夫だと信じてやり過ごすしかないということだ。

次に聞いたのは、運営にかかる資金についてである。この図書館があるビルデンスナイキは内記家の所有物である。だから家賃はかからない。とすると運営するにあたり、費用がかかるのはスタッフの人件費、そして書籍の購入費である。いったいどのぐらいの本を購入しているのだろうか。

「出版社の編集部から送っていただいている本もありますが、全体の割合からすると全然少ないです。父によると「年間7000〜8000冊のマンガが出ている」とのことなんですが、すべてを買うことはできません。半分入れてるかどうかというところです。どれを買うかという選別は特にしていないですね。お金があればすべて買います（笑）」

買うとしてもまさか書店で買って運び込んだりはしていないだろう。そんなことをしていたら手間がかかって仕方ない。とすれば、どのようにして購入しているのか。

「貸本屋時代からつきあいのある取次を通し、卸値で購入しているんですが、そこには「返品しないから、すべての単行本と雑誌を入れてくれ」とお願いしています。ただそれをやっていたらお金が足りないので線引きしています。入荷する本は取次の判断です。だからどうしてもポピュラーなものが多かったりします」

途方もないお金をマンガ購入のために充てていたということがわかる。いったいどのぐらいの金額をつぎ込んだのだろうか。

「父が冗談で言っていたのは「この図書館をやっていなければビルがもう一つぐらい建ったんじゃないか」ということです。それぐらいお金をつぎ込んでいたと思いますね」

なんとなんと。貸本関係者らのバックアップがあって立ち上げたはずのこの図書館のたのだろうか。

運営に、こんなにお金がかかっていたとは……。途中でやめようと思ったことはなかっ

「1997年に手塚治虫文化賞をいただく以前は、資金不足・運営困難という感じです
ごく大変でした。父の口から「このまま続けられるか。やめた方がいいんじゃないか」
と言うのを聞いたことがあります。97年以降は文化賞をもらった手前もありますし、受
賞のうれしさもあったのでしょう。続けていかなきゃと新たに思ったのだと思います。
マンガを買ったり、借金もありましたから。開館20周年パーティもそのころ重なってい
ましたし。賞金はすぐになくなりましたけどね」

　できるだけすべてのマンガを残していくという目的は素晴らしい。そのような施設が
必要だという考えは、出版関係者ならば特に異論はないはずだ。戦後にマンガやアニメ
が時代を映す鏡として人びとの心を捉えてきたという事実を見ても、マンガを文化遺産
として残すべきだろう。

　不思議なのはマンガを作る側、つまり出版社がなぜこの図書館の取り組みに協力的で
なかったのかということだ。出版社にしても自社のすべての雑誌・コミックスなどマン
ガ関連の媒体を網羅的に集めているわけではなかろう。だとすればこの施設の大切さが
もっと理解されてもいいのではないか。

東京国際マンガ図書館に継承されるもの

マンガに興味はなかったという、ゆうこさんがなぜこの施設を継承することになったのか。そもそもなぜこの施設に関わることになったのだろうか。

「私が入ったのは1996年の1月か2月です。卒業し助手として大学に残ったんですが、そこを1年で辞めてしまって、家でふらふらしていました。そのときスタッフが一人欠員が出るということで、父に「働いてみないか」と誘われました。父は強制するタイプではないので、「欠員出るけどどう」って、そんな感じでした。私は私で、どこか働きに行かなきゃいけないなー、どうしようかとそのころ思っていたので、ちょっとの間ならいいかと思って、働き始めたんです」

きっかけだけ読むと、偶然の産物と思えてしまう。しかし次の話を耳にし、偶然ではないということに気づかされた。

「読むという意味で父はさほど情熱はなかったのではないかな。父がマンガを読んでいるのをあまり見たことがないんですよね。どちらかというと経営とか収集、保存、管理の方が好きだったんじゃないでしょうか。順番に並べるとか揃えるとか。そういうのが好きだった。私はマンガが嫌いというわけではないので、あればパラパラ見たりするんですけど、姉ほどではない。一方で、管理や整理するのがけっこう好きなんですよ。その点で、三姉弟の中で私が一番父に似ています。父も「自分に似てる」って言ってました」

そうなのだ。この図書館の特徴は全方位でマンガとそれに関連する出版物を集めることなのだ。事実、内記は生前、読むことよりも集めて管理することに関心を寄せ、汗を流していたのだ。収集はともかく、保存・管理が好きなゆうこさんがここの責任者であることは偶然ではなく必然なのだ。

とすれば気になるのは、生前、内記がゆうこさんに継いで欲しい、と頼んだかどうかである。ゆうこさんなら、このコレクションを任せられると思い、継いで欲しいと内記が面と向かって言ったりしたのだろうか。

「(面と向かって継げと)言われたら引きますよね。私の場合は何も言われなかった。だからこそここでアルバイトできた。プレッシャーが何もなかったですから。ただ何年かやってるうちにだんだん不安になってきました。父がいなくなったらどうするんだろう、と。

そして2009年、父は明治大学に本を寄贈することに決めました。大学から運営管理を任されることになり、現在はその形態を受け継いだ、というかたちです。将来、東京国際マンガ図書館ができる予定なので、今すぐ本を明治大学に持って行っても場所がないんですね。明治大学から委託を受けて管理というかたちでなければ私は(継ぐことは）できてないです」

うっかりしたことに、僕は誤解していたらしい。彼女の意思で継ぐことを父親に直接伝えたわけではない。また、内記が懇願して継がせたわけでもないのだ。内記本人が生前にコレクションの道筋をつけつつも、ゆうこさんの意思に任せた、というのが真相なのだ。

「父は生前、「自分の目の黒いうちにこの本をどうにかしないと」と言ってました。そして元気なうちに行き場所を決めてくれたんです。せっかくここまで集めたのをバラバラにするのは惜しい。そのことは父も言っていました。一緒にあるから資料価値があると思うんですよね。

たくさん蔵書を持っているほかの家族の方同様に売ってしまったり、それこそ処分してしまったりしたかもと思うと怖くなりますね。私は姉弟が3人なので私一人で自由勝手にできません。私一人が残したいと言ってもほかの二人がこれを売ってお金にしようよって言ったら、それを止めることはできない。父が元気なうちに本の行き場所を決めてくれて本当によかった。もし明治に決まっていなくて、インタビューに来られていたら文句をタラタラと言ってたかもしれません（笑）」

統合されたかたちで図書館ができた後はどうする予定なのだろうか。

「今後、東京国際マンガ図書館ができる予定になっていて、そちらに行って何年か働く予定です。新しい図書館になっても、分類のメソッドを受け継いで欲しいし、他にも何か役に立てることがあればという感じですね。何十年もやっているので、私たちの方で何か役に立てるかもしれない。また別の意見があれば、ミックスしてもっといいものにできればと思ってます」

蔵書だけでなく、整理術も受け継いだゆうこさんが新天地で、そのノウハウを伝授していくということになる。新しい図書館でも、そのアーカイブの整理・保存において、有効なアドバイスをしていくはずだ。

一方で気になるのは、この物件が東京国際マンガ図書館に本が移った後、どうなるのかということだ。

「本が全部片付いたらどなたかに借りていただく感じです。（現代マンガ図書館ができる前の）元のかたちに戻るだけです」

あらゆるマンガを溜め込んできたビルデンスナイキが普通のマンションになってしまうのは、なんだかもったいない気がする。しかし、内記の逝去を機に、マンガが売られたり捨てられたりしてコレクションが散逸する可能性があったことを思えば、これで良かったということなのかもしれない。

＊　＊　＊

以下は二章にわたって掲載したマンガ編の総括である。

本で床は抜けるのか、という危機感を持ったことがこのシリーズの発端だった。大丈夫かどうか調べているうちに、興味の範囲は広がっていった。その果てに、手作り風の二階建て家屋を建て少女マンガの館をつくったり、新築したマンションの上から下までをマンガが埋め尽くしたり、という前章と本章のケースにたどり着いた。

僕の4畳半の部屋に置かれているのはせいぜい2000冊あるかどうかである。マンガ館の5万冊、現代マンガ図書館の18万点と比較すれば、ないも同然の数だ。マンガという、極めてかさばりやすい物体をものすごい規模で集め、保存し続けている光景に出会い、よくここまで集めたよなあと大いに感心しつつも、僕自身の理解を超え、呆れ果てた。興味に任せて続けてきた本をめぐる旅も、思えばずいぶんと遠いところまで来てしまったものだ。

個人が集めた本のコレクションという意味では最大級のものに今回出会ったといっていいのだろう。本の物量を追求するのはこのぐらいにして、今後は別の切り口から書いてみたい。加えて「床抜け」危機を脱した自宅の様子も開陳していきたい。

附記　2014年の開設が目指された東京国際マンガ図書館（仮称）だが、2018年1月時点で未だ開設の目処がたっていない。米沢嘉博記念図書館、明治大学現代マンガ図書館はその後も変わることなく営業を続けている。

一方、別の動きもある。２０１４年に超党派の国会議員で結成されたＭＡＮＧＡ議連は、ＭＡＮＧＡナショナル・センターを構想、２０２０年の開館を目指すことになったのだ。

9章　本を書くたびに増殖する資料の本をどうするか

「床抜け」問題勃発から1年で本はどれだけ増えたか

この執筆を始めてから1年がたった。ということは、引っ越した仕事場のアパートが本の束で埋まってから1年がたった、ということでもある。キューバ危機後も核戦争の危機が続いたように、増え続ける本とどう折り合いをつけるのかという問題は、我が家で今もくすぶり続けている。

不要不急の438冊ほどを「自炊」したり、本棚を分散したりして、置けるスペースはやや増えたが、問題の根本的な解決からはほど遠い。それどころかすぐにでも再燃しそうな雲行きだ。自炊で減らしたのが438冊なのに対して、ここ1年間で増えたのは約200冊である。同じペースで増えていくと、あと1年あまりで「床抜け」危機のときと同じ冊数に達することになる。

問題の現場となったアパートの4畳半の部屋には現在胸の高さぐらいまでの横長の本棚を部屋の両隅に置き、奥の壁には机を設置している。机に座っていて手の届く範囲に本があるように置いてみたのだ。

一気にたくさんの本を収納できる背の高い突っ張り本棚や、図書館本棚を自宅に移動したこともあって、引っ越し前の仕事部屋にくらべ、置いてある本の数は半分ぐらいになっただろうか。まだ書類の入った段ボールが、本棚の前に5個ぐらい床置きしてあり、見えている畳は半分ぐらいしかない。空きスペースがなく、本棚をこれ以上置くことは難しい。電子化しスペースを増やせばその限りではないが、現状はにっちもさっちもいかない状態になっている。

本が自宅を侵食しはじめる

もはやアパートに本が入らない分、自宅に置いてある本が大幅に増えた。新宿にほど近い中野区北部にある木造一軒家。その一階の2DKという物件に、妻と幼児と3人で暮らしている。自宅の広さはだいたい50平米弱で、9畳のダイニング、6・5畳のフローリング寝室、6畳の和室という間取りである。

9畳のダイニングには幅170センチというかなりワイドな突っ張り本棚が「床抜け」危機以前から設置してあり、冊数は特に変動がない。ここには夫婦共用の本（大野更紗『困ってるひと』や育児図鑑など）や妻の本（各種外国語の教本など）を置いている。全体が三つの棚で構成されているのだが、このうち両サイドの棚にCDやDVD、各国で買ってきたカセット、未だ変換していないビデオテープ、野町和嘉などの大型写真集を置き、真ん中の棚にはちょっとした小物や文房具などを雑多な状態のまま置いてある。
6・5畳の寝室にはもともと本棚はなかったが、「床抜け」危機をきっかけにアパートから大小二つの本棚を持ってきて、設置した（幅90センチの図書館本棚と、幅60センチの小さな突っ張り本棚）。「床抜け」危機のしわ寄せをこの部屋に全部おっかぶせているような状態なのだ。

二つの本棚の内訳はこうだ。幅の狭い突っ張り本棚のほうは、昨年（2012年）の春時点ではほとんど埋まっておらず、下の段に幼い娘がふざけて座ったりしていた。だが、昨年の石原慎太郎東京都知事（当時）による尖閣購入騒動以降、関連書籍や雑誌がみるみる増えて棚を埋め尽くしてしまった。といっても学者が書いた直球の本はほとんどなく、そこから派生した右翼・やくざ論（猪野健治や宮崎学）、フィクサー関連（児玉誉士夫、菅原通済）などの本である。そのほかには、物語の書き方の研究のためにと思って買った山崎豊子や松本清張など昭和のベストセラー作家の小説が積んである。

図書館本棚のほうは、国境関係（国際法や外交史、ルポや歴史などの書籍、新聞の切り抜き、登記簿などの資料）、戦後の引き揚げ関係（朝鮮や満州などからの引き揚げ体験記、戦前の地図、同窓会会報、聞き取り調査のときに使ったノートなど）、この「床抜け」関係（井上ひさし・立花隆・草森紳一らの著作や本棚拝見ルポ、マンガ論などの書籍）の棚と分けてある。

皮肉なことに、床が抜けそうだと危機意識を持ち、本と居住空間をテーマにして文章を書くために、さらに本が増えてしまったことになる。

本が増えるさまざまな要因

本が増えた原因はそれだけではない。昨年の秋にイギリスに引っ越した仕事関係者から『岩波講座　世界歴史』全31巻（1969～71年刊行）のうちほとんどが揃っている段ボール1箱分を譲り受けたのだ。届いた途端、僕は頭を抱えた。どこに置けばいいのか。全巻を棚に並べるには、かわりに何かを出さなければならない。

全集を置いたがためにあぶれた本をどこに置くか──。なんどか頭の中でシミュレーションを繰り返したが結論が出ず、段ボール箱に入れたままになっている。せっかく譲ってもらったのに活用できず申し訳ないが、いったいどうしたらいいのだろうか。

今後、本が増えそうな原因というのもある。ここ7年の間、引き揚げの体験談を聞いている年配者のひとりと、先日再会した。そのとき話題に上ったのが蔵書の行く末だった。彼が集めているのは昭和史関連ばかりという、純度の高い約3000冊。僕にとっては垂涎（すいぜん）のコレクションである。

同じような悩みを抱えている取材対象者は多い。彼らの蔵書を散逸させない方法はあるのだろうか。家族が無理解なので、僕に託したいという人がほかにも出てくるかもしれない。引き取り手が見つからず、古紙回収業者にタダ同然で持っていかれるぐらいなら、置き場所をなんとか捻出して引き取りたいと強く思う。

だが実のところ引き受けることはできないだろう。妻は今のところ僕の仕事に理解があり、本が増えても、きちんと棚に収まってさえいれば、何も言ってこない。しかしものごとには限度がある。もし数千冊を引き受けたら、爆発的に本が増えてしまう。エスカレートして本が子ども部屋にあふれ出したら、大変なことになるはずだ。幼い娘が落ちてきた本でけがをしてしまうかもしれない。そうなったら妻に三行半を突きつけられても不思議ではない。

自宅には仕事用の本以外にも、生活用品や子どもの絵本やおもちゃがたくさん置いてあり、どの部屋も、絶えず整理していなければ床が見えなくなるほど物が多いのが実状だ。それでも幸いなのは、同じ木造でも仕事場のアパートと違って自宅は一階だということだ。床が抜けても下の人がけがをすることはありえない。

増え続ける本と家族の今後

今後、本とどうつきあっていけばいいのだろうか。紙の本は今後も買い続けるだろうし、それによって「床抜け」問題に再び直面することだってあるかもしれない。打開策を今のうちにちゃんと考えておかなければならないのだが、実際のところ、解決の道筋を示すような、有効な策は思いついていない。

本を所蔵する場所をほかに借りたり買ったりするためには財力が必要だが、手元に潤沢な資金はない。田舎に引っ越すというのも手かもしれないが、生活拠点にしている都心にほど近い今の土地が気に入っているので、なるべくなら引っ越したくない。

万が一ベストセラーを連発し、まとまった資金が手に入ったとしたらどうだろう。首都圏での大地震が近未来に起こりうると喧伝(けんでん)されている現状では、東京に書庫を建てるのは、かなりリスクが伴う。そう思うと、お金ができても建てるという選択はしないかもしれない。

それでは、緊急避難的に実家に本を送るのはどうだろうか。草森紳一は北海道の帯広近郊にある実家に書庫を建て、そこに約3万冊を所蔵していた。また、知り合いの図書館員は関西の実家にどんどこ送っているという。だがそうしたやり方だと読みたいときに実家から送ってもらうか、わざわざ見に行かなければならない。手元にないことで、本の存在自体を忘れてしまうことだって考えられるが、そんなのは嫌だ。

こうした問題を解決するうえで、蔵書を大量に電子化するのは、たしかに有効ではある。しかし、数千冊を「自炊」するのは日常業務を放棄し専念しても1ヶ月以上かかりそうだ。かといって自炊代行業者を利用すると数十万円もの費用がかかるし、法的にもグレーゾーンなので、あまり気が進まない。

蔵書をどのように管理していくのか——そのことを考えるとき、自らの、そして家族の将来像を考えずにはいられない。自分が自由にできる空間に限りがあるからだ。問題は書籍の増加だけではない。子どもの成長のスピードを考えると、今住んでいる２ＤＫでは早晩手狭になるのは目に見えている。ドラえもんの「四次元ポケット」が欲しいと真剣に思う今日この頃である。

大量の本を必要とする理由

僕が追いかけているテーマのひとつに日本の国境問題がある。本を何冊か出したので、そろそろ次のテーマへ完全移行したいのだが、そうもいかない。尖閣諸島付近の海に中国の公船が常駐するようになったり、竹島に韓国の閣僚が毎年夏に上陸するようになったりと、国境問題がここ数年で膠着（こうちゃく）し、日常化してしまったためだ。加えて昨年の尖閣国有化を巡る裏の駆け引きについても、知りたいと思うようになった。そんなわけで、このテーマからますます目が離せず、資料を処分するどころか、さらに本を集めたりして、ウォッチし続けることになった。

加えて最近、本格的に始めたのが、ある未解決事件の取材である。実は僕には未解決事件の被害者となっている友人がいて、その彼女が失踪してから２０１３年の11月24日でちょうど15年をむかえることになった。

とはいえ時効にはならない。２０１０年に刑法・刑事訴訟法が改正され殺人事件における時効が撤廃されたからだ。そうした事情もあって事件発生からまもなく15年という年月がたとうとしている今はもちろん、そのあとも警察による捜査が続くことになった。

事件がなぜ起こったのか、そしてなぜ迷宮入りしてしまったのか、そしてどうやったら事件の風化を防げるのか——。事件の真相究明に本格的に取り組もうと心に決め、春以降徐々にではあるが資料を集めたり取材をしたりということを始めたのだ。

この文章を書いていたとき（２０１３年９月）、僕はちょうど『〈日本國〉から来た日本人』（２０１３年12月発売）の執筆を終え、最終点検の作業を行っているところだった。そして手元には、執筆のために集めた資料が残っていた。明治以後の日本人の海外移住という現象についての解説書、旧植民地からの引き揚げ体験記、戦前・戦時中の世相をあらわした小説や解説書、そのころ行われていた戦争に関する小説や体験記といった資料は自前で入手したが、それ以外に、取材した方から借りた非売品の同窓会誌や、玉音放送の直後に朝鮮半島南部から持ち帰ったアルバム（１００年ほど前の家族写真が貼られている！）、証言者が少年時代に使っていた昭和13、18年に発行された地図帳など、なくしたら絶対に手に入らないオリジナル資料も多数あり、それらは自宅の机の下に平置きしていた。そのほか取材相手にチェックや直しをしてもらったゲラや間違いを指摘する手紙などが入った段ボール箱が２、３箱分あった。

『〈日本國〉から来た日本人』に関する資料の大部分は、持ち主に返したり、電子化したりして、その大部分を僕の目の前から遠ざけるつもりだった。実際、この2013年9月時点で、返却する必要のある必要箇所を2日かけてデジカメでブッ撮りしたり、使った本をひとかたまりにしたりと徐々にではあるが整理し始めていた。すでにほとんど仕事が終わっていたのでこのテーマに関して、その後資料が増える可能性はその時点でなくなっていた。

繰り返すようだが、問題はこれから増える資料である。

国境に関してはベースとなる本が揃っているので資料がドバッと増えるわけではないが、友人が失踪した未解決事件に関しては違う。雑誌の記事のコピーが少し手元にあるだけだったので、ほぼ一から集めるしかなかった。

法医学のプロファイリング、殺人事件の捜査の方法、警察の捜査本部の作られ方、似たような手口が考えられる事件（大久保清事件）のノンフィクション、未解決事件のあらましを集めたムック、事件が起きたときの集落の人間関係がどうなるか知りたくて買った、「名張毒ぶどう酒事件」についてのノンフィクション。こうした図書資料は電子書籍などで手に入れば場所をとらなくて良いのだが、電子化されているものは少なく、紙で手に入れるしかないものが大半だ。

購入して集めた図書資料に加え、現地取材中に手に入れた資料や過去の雑誌記事などをまとめると、厚さ10センチ弱のファイルになった。他には、警察など公的な機関のウェブサイトや掲示板の書き込みといった、オリジナルが電子データの資料もあるが、一度はプリントアウトして、テーマごとに封筒に入れたりするので、やはり紙のデータが増えてしまう。

とどのつまり、電子化されていようがいまいが、結局のところ、新しいジャンルに取り組むごとにどっと手持ちの紙資料が増えてしまうということなのだ。

書籍、紙の資料、電子データをプリントアウトしたもの。これらはすべて紙のデータである。これらをテーマごとに段ボールに分類するわけだ。段ボールの存在感が「僕に早く書け」と静かに脅迫する。心理的な圧迫感が、僕に「今、このテーマに取り組んでるんだ！」という実感をみなぎらせ、創作意欲をかきたてるのだ。

10章　電子化された本棚を訪ねて

いくつかの打開策

前章で自分の仕事の状況と資料の取り扱いについて、長々と書いたのには理由がある。主に小説やマンガなどを楽しみのために読む一般的な読者（かなりざっくりしたカテゴライズだが）と、本を書くために資料をどっさり集める僕とでは、本の買い方や集め方、そして読み方がかなり違うんじゃないか——。そういった思いが、この執筆を続ける中で大きくなってきたからである。僕だって、本を読むという行為に少なからず楽しみを求めていることは確かだ。しかし、それ以上に書くための道具として、本を利用し、活用している。

本が増えすぎてどうするか、という切羽詰まった問題の解決法探しを基点にして始まったのが、本を巡るこの旅である。その途中で、自分の本の集め方、もっと言うとどうやって本を購入しようとしているのかを見つめてきた。そして、楽しそうだからとか流行っているからではなく、必要だから買っていることに、次第に気がつくようになった。

書店の店頭に平積みされているベストセラーは、主に娯楽のために消費されるのだろう。万人の心を打つ感動の物語のほかに、時代を切り取る視点が斬新な新書がベストセラーになったりするが、そうした本も消費される、という意味では似たような買われ方をする（ちなみに図書館のリクエストのランキング上位に掲載されている本のタイトルを見ても最近は同じ傾向にある）。

僕の場合、娯楽の目的だけで本を買い、消費することはまずない。必要だから買い、活用する。それは、工業製品をつくるために、原料を買い付けて仕入れるという行為に近い。図書館や新刊書店、ネット書店によって集めた書籍にある情報や、取材によって集めた情報が本の原料になるわけだ。今のベストセラーはほとんどなく、専門書であったり、売れた本でも評価が定まっていて、自分の仕事のテーマに関係のある古い本であったりする。そしてそれは処分しなければどんどん増えていく。

「床抜け」問題が起こってからというもの、本が増え続ける現象に対する不安は強い。本を書き終わるごとに棚を整理し、本棚にコーナーを設けるという方法ではどのみち行き詰まるような気がしてならない。それを打開するには広いところに引っ越すのが一番。しかしそれは無理そうなので、それ以外の打開策を考えるしかない。

①部屋の空いたスペースを探し出し、そこに詰めたり本棚の空きスペースを徹底的になくしたり、という省スペース化を徹底するか、②本の収集をやめるか、③蔵書の大部

分を捨てたり売ったりするか、④本を電子化するか……思いつくのはそんなところである。

この中で自分にできそうなのは、①の省スペース化か④の電子化だろうか。②は資料を大量に使う以上無理だし、③に踏み切れるほどの勇気はない。④は③に似ているが、情報が残っているという点で、全然違う。集めたという痕跡は自分のハードディスクに残っているし、読むことだってできる。

①はすぐに場所が埋まり、また場所を捻出するということの繰り返しで、根本的な解決にはならない。そのことはすでに体験済みだ。とすると、すぐにやれそうでなおかつ効果的な方法は④の電子化ぐらいしかない。

電子化への期待と抵抗感

「自炊」の話に入る前に、僕が読むという行為を普段どのように行っているのかを、今一度振り返っておこう。

僕はふだん、紙に印刷された文章と、液晶などの画面に表示された文章を同じぐらいの割合で読んでいる。紙に印刷された文章のうち、もっともたくさん読むのは書籍である。パソコンからプリントアウトしたり、新聞や雑誌、講演中にもらう配付資料や旅行中にもらう観光資料などもあるにはあるが、割合からすると少ない。後者はインターネットのウェブサイトが大半だ。最近ようやく買うのに抵抗がなくなった電子書籍や、電子化した紙資料、自炊した紙の本のデータもあるにはあるが、大した割合ではない。

紙と電子媒体とでは読み方に違いがある。というのも、紙が基本的に印刷されたものだけで完結する閉じた媒体であるのに対し、電子はネットを遮断していない限りは無限にリンクしていて読み手の意思でそのリンクをどんどんたどっていける媒体である。

リンクは電子媒体の長所でもあり短所でもある。関連している項目を次から次へとたどり、誰も思いつかなかった奇想天外なアイディアを短時間に得ることだってできる。しかし、同時にリンクをたどるという行為に没頭してしまい膨大な時間を無駄にしたり、いらない情報がたくさん頭に入ってしまうこともあるのだ。

そういったネットの善し悪しはともかくとして、書いたり読んだりする行為をパソコンなどの電子機器を使わずに行うことはもはや難しい。すべてアナログですませようとする自分の姿を想像できない。文章を書くためのワープロ機能やあらゆる人間関係を維持するツールとしてのメーラー、FacebookやTwitterといったSNSサービスは、僕の生活を支える基本インフラのひとつになっている。

一方、日本では、本といえば紙媒体が未だに主流である。その流れと同じく、僕が買う本も徐々に電子書籍の割合が増えてきたとはいえ、未だに大部分は紙の本である。時代の流れに合わせて、そのうち紙の本よりも電子書籍の割合が多くなるのかもしれないが、そのときのことを現状では想像できない。

日常的に電子画面に接していて、後戻りができないというのに、それでも僕には液晶画面への抵抗感がぬぐえないでいる。その理由は次のような体験を日常的にしているからだ。

例えば、出来上がった原稿を読み直してチェックするときがそうだ。液晶画面で読むのと、プリントして読むのとでは、誤字脱字の発見の精度がかなり違っている。液晶に映し出した原稿で見つけられなかった誤字をプリントした原稿で見つける、ということが多々あったりする（そういうことをわかっているからか、本を出す直前、どの出版社もプリントアウトした校正刷を未だに郵送したり手渡ししたりしてくる）。

だからこそ精読したい文章はできれば、液晶などの光る媒体ではなく、紙で読みたいと思っている。昨年（２０１２年）の連載開始直後、大量に電子化（４３８冊）した本を、ずっと目を通していなかったのは、読みやすさにおいて、電子は紙に劣るという思いがあるからこそだ。

スキャンしても読まないのだから、新たな自炊に取り組む意欲は起きない。大量の電子化は４３８冊をいっぺんにやって以降、１回もやっていない。

iPadでは「読めた」

2010年の電子書籍ブームには大いに期待した。Kindle2の英語版を買い、電子インクの見やすさを知った。しかし期待は外れた。ページをめくると数ページごとにブラックアウトすること、画面が小さいこと、さくさく動かないことを理由にあまり使わなくなってしまった。iPadは使う前から、使えない道具と決めつけているフシがあった。液晶だから読むのに向いていないと思い込んでいた。

ところがである。物は試しにと2012年末に買ったiPad（僕が買ったのはiPad2）が、思いのほか読書に使える代物であった。「i文庫」という読書用アプリがすごく便利だったのだ。

文字の拡大縮小も思いのままだし、ページ送りのアニメも気分を盛り上げる。それに本棚機能によって、検索もできる。物としての質感は本ではなくiPadそのものであるし、液晶は画面が光るのでやはり読みにくい気がした。それでも操作が直感的なため、思いのほか紙にかなり近い感覚で読めるようになった。このアプリのおかげもあり、1冊を読み通すことが普通にできるようになった。電子書籍への抵抗感は確実に小さくなった。

今では、iPadを手に入れる前はまったく買っていなかった電子書籍を、紙の本ほどではないが、たまには買うようになった。また、緊急避難的に自炊した438冊の本も、時折読むようになった。状況は改善されつつあるが、それでもやはり、紙から電子書籍へと蔵書をシフトしていく勇気が僕にはまだない。それはなぜだろうか。さらに読みやすくなれば、自ずと電子書籍にシフトしていくのだろうか。

抱いた疑問を解決すべく、初回の「床抜け」問題の渦中のときと同じく、人に聞いて回ることにした。世の中には蔵書持ちでかなりの割合を電子化してしまった人もいるのだろうか、いるとしたらなぜ電子化することを決断したのか、電子化して読みにくくはないのか、読書のついでに他のこともするようになって集中できなかったりはしないのだろうか――。そういったことを先駆者たちにぜひ聞いてみたい。

幼なじみSの試み

6章でインタビューした自炊代行業者のスタッフによると、主な客は「本が好きな人、本をたくさん消費する人、蔵書が増えすぎて困っている人、海外で生活する人など」で「職業はまちまち」「ジャンルは小説がメイン」とのことだった。依頼のメールの中には「(こんなサービスがあるともっと早くに)知ってたら2000冊捨てずに済んだのに」というものもあり、潜在的な需要は以前からあったようだ。多すぎる蔵書を捨てたくはないが、なんとかしたいと思っている人がいかに多いかということが、話からうかがえた。

この業者を取材したのは2012年6月である。この時点では近しい人で蔵書を大量に電子化したという人はいなかった。そのためなのか、その業者に200〜300冊も依頼しておきながら、自炊を大量に代行してスキャンしてもらう人たちの気持ちにピンと来ず、へえ変わった人もいるもんだ、だけどそんな人は僕を含めてまだ少数なんじゃないか、とそんな感じにしか思わなかった。

しかしである。2010年に自炊という言葉がにわかに脚光を浴び出してからというもの、蔵書を電子化する人は確実に増えていたらしい。僕の周りでも、古くからの友人がばんばん自炊していることに気がついた。

「初代のiPad64GBを買うたんは2011年かその前の2010年かな。出てそんなに時間がたってないとき。自炊をはじめたんはそれからや」

そんな風にして、自炊の様子を教えてくれたのは僕の小学校時代からの友人Sである。大阪万博が開催された1970年に生まれた僕が初めてパソコンに触れたのは1981年か82年だったと記憶している。当時、小学生の高学年だった僕はSと連れ立って自転車をこいで量販店まで触りに行った思い出がある。パソコン初体験を共有した者同士なのだ。

印刷関係の仕事をしている彼は、「蔵書を電子化しiPadで読んでいる」ということを、以前、雑談のついでに教えてくれたことがある。「床抜け」問題を追究していくうちに、電子化という方法についての実態を知りたくなり、友達の気安さで彼に聞いてみることにした。彼は印刷という仕事に関わってはいるが、商業的な印刷が専門であるので、作家やライターが資料として本を集めるのとは違う、自身の趣味に根ざした本の読み方をしているのだろう。

彼は今までにどのぐらいの冊数を自炊したのだろう。自炊したことで、生活にどのような影響をもたらしたのだろうか。まずは蔵書の数を訊ねてみた。

「オレは素人やから蔵書いうてもそんな持ってへんで。ちゃんと数えてへんから厳密にはわからんけど全部で450冊ぐらいかな。絵とか写真の多いのとか大型本、貴重な本は自炊してない。するんはマンガと単行本。マンガは少年サンデーとかの雑誌。単行本は太平洋戦争とか東京裁判とか、日本の近代史関係が多いわ。中国の古代史も最近は読んでるけどな。マンガ雑誌はjpegデータ、単行本はPDFでスキャンするんやけど、マンガ雑誌は紙が悪いやろ。だから裏写りすんねん。あれ困るわ」

では何故、電子化することにしたのだろうか。

「第一にスペースの問題。裁断して紙の束にした本や雑誌は廃品回収に出して処分する。そしたらその分部屋があくやろ。後は、通勤とか旅行とか、外出したときに便利ってことやな。何冊もiPadに入るから、旅先でも読めるやろ」と電子化した理由を彼は語った。

実家住まいの彼の自室には本もあればPCやギター、近代史関係のドキュメンタリーDVDなどもあり、本棚ばかりが並ぶという感じの部屋ではない。彼の口から450冊と聞いたとき、部屋に置かれていた冊数の割に少なく感じたが、自炊しすっきりした後だったからこそなのだ。

では、今までにどのぐらい自炊したのか。そして今もやっているのか。

「漫画が50冊、本は100冊ぐらいかな。一番ぎょうさんやってたときは1日5冊のペース。今はもうすっきりしたからペースは落ちた。だいたい月に2、3冊というところかな。カッターナイフで裁断して、Scansnapで両面スキャンしてた。業者は利用したことない。1冊あたり10分ってところかな」

思い出の本をばっさりと切ってスキャンしてしまったことに、心残りがありはしないのだろうか。スキャンしたものは読んでいるのだろうか。

「オレ、所有欲、特にないから気にはしてへん。スキャンした本は読んだあとの本やからわざわざ読んだりってことはあんまりないわ」

では僕が気になっている液晶画面の可読性はどうだろう。

「iPadは読書、音楽、ビデオとか、何でもこなせる万能端末として使ってる。液晶だから読みにくいかって、特に気にならへんなあ。電子インク画面のKindle、見やすいそうやけど、端末をわざわざ買ってまで読みたいとは思わへんわ」

iPadはアプリ次第ではなかなか快適な読書ができるのは確かなことだ。だが、パソコンの画面が気にならないという感覚といい、所有欲がないという言葉といい、小さいときからある程度価値観を共有してきた友人からそういう言葉が出てくるとは思っていなかったので、意外な気がした。それとも僕が書くという仕事を始めてから、感覚にズレが生じたのだろうか。

蔵書をまるごと電子化する

次に話を聞いたのは、以前から尊敬しているノンフィクション作家の武田徹さんである。彼がこれまでに手がけたテーマは、黎明期のIT技術、80年代の日本のロック、原発と核開発、満州国にハンセン病……と実に幅広い。しかもその手法は独特で、ジャーナリスティックであり、アカデミックでもある。ノンフィクション作家としての活動のほかに大学で教えたり、書評の仕事を手がけたりもしている。

武田さんの代表的な著作に『「核」論』『偽満州国論』『「隔離」という病い』という三部作がある。これらの本の参考文献リストには膨大な、しかも、一般の読書家が手を出さないような専門的なタイトルが並んでいる。かなり規模の大きな蔵書をお持ちだということは容易に想像がつく。

では、いったいどのようにして本を集め、管理していたのだろうか。武田さんにとって本とはどんな存在なのだろうか。

「自分で本を持つことが大事だと思っていたので買ったものはほとんど捨てない。そういう形で無駄なものも含め、かなり蓄積していたんです。本を集めるのが好きじゃなくて、やはり資料。本を書くために、本が増えることは背に腹は替えられない。書評をやっている関係上、もらう本も多かった。だから傾向が相当乱雑なコレクションですね」

ところがある出来事を境に彼の蔵書は大きく形を変えてしまうことになる。

「吉祥寺の古い一軒家を借りて住んでいたんです。大家の家にある新聞少年に貸しているような貸間も借りて、そこは書庫として使っていました。そのほか、練馬区の実家、大学の研究室にも本は置いてありました。ところが震災直前の2月、吉祥寺から都心の神保町に引っ越しすることになったんです。引っ越し先はマンションです。床面積的には一軒家とそんなに変わりませんでしたが、壁面積が相当少なくなった。実家や研究室はそのままですが、貸間のスペースもなくなったわけです。絶対に持っていけなかった。あのときはもうだめだって絶望的な気持ちになりました」

いわば、僕が「床抜け」問題の渦中のときに体験したことと同じような危機に、武田さんは、もっと大きな規模で直面したのである。

「そこで考え方を変えようと思った。いつも本に囲まれていて、引っ越しするたびに大変な思いをする生活から出たいという気持ちも実はあったので、新居には蔵書を持って行かないというのを試してみることにしました。私はそれまで文献に正確にあたるというのを主義にしていたんですが、これからはすぐに本に頼るのではなく、もっとオリジナルに考えたかった。だからこそ自分の過去を捨てるような荒療治がしたかった。でもせっかく揃えた本を捨てるのも忍びないので、できればすべて電子化できないか。そう考えたんです」

黎明期からパソコンを使い、1995年には『メディアとしてのワープロ——電子化された日本語がもたらしたもの』という著書を発表している武田さんだけある。転居先のキャパシティと蔵書の不一致という危機を危機とみなさず、新しいことに挑戦するチャンスとして捉えたのだ。

ひっかかったのは、数千、もしかすると万単位の蔵書を一気に、自らの手で電子化することは可能なのかということだ。個人使用の範囲ということで自身でスキャンするにしても、それでは手間がかかりすぎて、本業どころではなくなってしまうのではないか。

「まだあまり自炊代行に対する逆風が強くなかった頃だったので、業者に約2000冊、発注しました。OCRはなし、ファイル名に著者・タイトルを入れてもらい、納品はDVDでお願いしました」

本のスキャンを少しでもやってみればわかるが、自炊という行為は大変疲れる。数千にのぼる本を引っ越しのさなか、自分の手でスキャンするというのは、おそらく不可能だ。その是非はともかく武田さんが業者に外注したのは、状況を考えると正しい選択だったのではないか。

気になるのが、一軒家と貸間を埋め尽くしていたであろう蔵書の総数である。2000冊というのは少なすぎる。はたして蔵書すべてをスキャンしたのか。それとも別の方法で処理したのか。スキャンする本と、そうではない方法での処理はどのような基準で決めていったのか。

「全部スキャンしようとしても、数が多すぎて物理的に無理だということがわかったんです。そこで買い直せたり、図書館で借りられたりするものはこの際だから処分しよう、世の中に流通させようということで、古本屋へ売ることにしました。片付くまでに、家と古本屋の間を相当な回数、車で往復しましたね。持っていた本の総数はわからないですね。「自炊」してもらった分の2、3倍かな。売ったりして処分したのは業者に（残す本の選択基準は）本当に手に入りにくくて、よく参照したりする本であれば、スキャンせず現物で持つ、というものです。とりあえず今は使っていないけど、いちど手放したら手に入らないというものであれば、スキャンに出すことにしました。そんな風に判断したんですけど、今思えば、あれは捨てなきゃよかったっていう本が、たくさんあった。やけになってやり過ぎて、いっぱいミスってしまいました」

思い切って大部分の図書を電子化したことにどのような感想を抱いているのだろうか。

「私は今、後悔しています。やはり紙の本に比べて液晶は読みにくい。iPadで部分的に読むにはいいけど、本格的に読むときには、紙に印刷したいですね」

以前、武田さんに読む媒体について聞いたところ、「電子画面と紙、どちらにするのかと排他的に考えたことはありません。私はその都度、使いやすいものを使ってきただけなんです」と答えてくれたことがあった。両方の長短がわかっている武田さんだけに、スキャンしたことを後悔していることが意外に思えた。

＊＊＊

後日、蔵書がないという武田さんのご自宅を訪問した。神保町の書店街や明治大学に歩いていける、極めて便利なところにある都心のマンションの一室。招き入れられたのはソファがぽんと置いてある8畳ほどのダイニングで、ものはなくすっきりとしていた。目についたのは小型の自転車で、場所がないのでやむなくというより、インテリアの一部として置いているようだった。壁ぎわのラックにやはりインテリア用に置かれたかのようないくつかの本があるだけで、床に平置きされている本はもちろんない。どこかのモデルルームのようなスタイリッシュな部屋だ。言ってみれば本のない滅菌室というかクリーンルームというか、乱読し疲れた脳を癒やすには、こういった部屋ですごすのがいいのかもしれない。例外は床に置いてある、自炊用の本が詰まった段ボール1箱だが、全体のすっきり感からすると、ないも同然である。

「この家に本はほとんどないんです。段ボール箱にこれからPDF化する分と、現在、書評を書いている分が書棚にあるぐらいです。それらの本も自宅にも簡単な裁断機が置いてありますから、雑誌や薄い本は自炊できます。分厚い本は大学に持って行って断裁して、研究室でスキャンします」

引っ越して、本のない部屋で暮らすことで、心境の変化はあったのだろうか。例えば、物がないスペースにいることで精神が浄化されたりするのだろうか。

「ここはそもそも物理的に入らないですからね。物は持ってこない主義で引っ越したし、今も、あえて物を置かないようにしていますから、そこは禁欲的と言えるのかもしれないね」

心の余裕というような言葉を期待していたのだが、あえてストイックな生き方を自分に課しているという感じで、物がないからリラックスできるといった狙い通りの言葉は返ってこなかった。大量の本があることで溜まっていく慢性的な疲れを払拭できた反面、周りに本がなくなったことで募る淋しさを我慢したり、電子化し物としての存在感をなくした本に対して追慕の気持ちを抱いたりしているのだろうか。もしそうだとしても、引っ越す前の状態に戻れるわけでもないのだけど。

ではいよいよ、電子化した本はどうなったのか、実際に見せてもらおう。

「そこにあるサーバーにPDFデータが入っています」と言って武田さんが指さしたの

は、小さなラックか何かの下に目立たないようにひっそりと置かれている、サーバーだった。

「無料のクラウドには置ききれない容量なので、自前のサーバーを持ちました。ポゴプラグというプライベートクラウドのサービスを利用しています。ネット経由でこのサーバーにアクセスすれば、世界中どこにいても電子化した蔵書を読むことができます。ＰＣはもちろん、ｉＰｈｏｎｅでもね」

電子化された本が収められているハードディスクとサーバー（提供：武田徹さん）

一軒家で存在感をしめしていた本の束が、電子データとしてこの中に入っているかと思うと不思議である。サーバーはまるで四次元ポケットのようだ。

わざわざサーバーを購入してシステムを作り上げたのだから、電子版の書籍をさぞ読みまくって活用しつくしているのだろう、と思っていた。ところがである。武田さんの言葉は予想と違っていた。

「自分で電子化した本で最後まで読んだ本はない

かもしれない。というのもデータになっているのは全部、前に読んだ本なんです。一度読んでいるから、次に必要なときは資料として、ここはどうだったかなという確認でしか使わない。なので最初から最後まで通読することはないですね」

武田さんは電子書棚を、読み終わった本を置くための場所として、仕事に使う資料の置き場として、使っているのだ。だからこそ、再度すべてを読み返すことがなかなかないのだ。

武田さんの使い方はこうだ。

「サーバーも用意したけど電子化した本のデータは全部で73GBしかないから、HDの大きなパソコンには全部入っていて持ち歩いてます。内蔵HDの容量が少ないパソコンでも大容量のUSBメモリに入ってしまうので、それをつなげれば読めてしまいます。サーバーは、タブレットしか持っていないときや、USBを忘れた時のバックアップでしかない。あと使うことが事前にわかっている本があれば、PDFデータの一部を印刷して持って行くことが多い。これなら、急に読みたくなったときパソコンを立ち上げてファイルを読みに行く時間をかけなくても、すぐ読める」

電子よりも紙の本の方が読みやすいと明言している武田さんだけに、PDFよりもプリントアウトした文章のほうが読みやすいと判断しているらしい。だからこそ、わざわざプリントアウトするのだろう。そして、荒療治への反省の念を抱いているからか、武田さんは、今、ほかの拠点に紙の本を増やしている。

「自宅を移してから、大学の研究室に置く本が増えました。本棚の空間を最大効率で使うために、すき間なしに積むパズルみたいに縦横に本を入れています。3割以上容量が増えたんじゃないかな。実家も昔は月にいっぺんぐらいしか行かなくて倉庫以外のなにものでもなかった。献本用の自分の本を置いておくとか。でも父が病気になって以来、週に何回も帰るようになりました。研究室と同じぐらいの頻度で行くので、もはや普通の書棚として使えるかな、と。

そして、父が亡くなってからは実家で本のために使えるスペースが圧倒的に増えました。引き継いだ書斎や、本棚のない廊下の壁とかがあるからです。本好きとして、本の置けるスペースが広がるというのはこんなに気持ちを変えるのか……みたいなね。本が置ける面積が増えたからかな、そんなにやみくもにPDFにしなくてもいいじゃないかと気持ちが変わった」

引っ越しを契機に、本の存在感を徹底的に消しにかかった。しかし父親の病気そして逝去により、武田さんは本の置き場所がまだあることに気がつき、心境が変化した。そして、今では、紙の本の持つ存在感と存在感ゆえの豊富な情報量を、武田さんは再評価するようになった。

「年をとってくると昔、何を読んだのか思い出せなくなってくるんですよ。現物を目にしていれば記憶を刺激する機能は多い。物で持っている強みというものがある。ＰＤＦにすると検索できるから探す手間はなくなるんだけど、出会う偶然を味方にすることはできなくなると思うんです。だって、こんな本があっただろうって記憶がなければ、検索はかけられないでしょ。そこをもっと考えなきゃいけなかったのかと思いますね」

紙の本のよさに改めて気がついた武田さんは、再び紙の本をたくさん買っていくのかもしれない。以前と違って、本の置き場所については心配する必要がない。実家に置き場所が増えたからだ。置き場所に苦慮している僕からすると、うらやましいの一言である。大阪に実家がある僕は同じ方法がとれない。かといって紙の本の存在感を消してまで、大量の本を電子化する勇気は今のところない。どうしたらいいのだろうか。

「困ってるひと」に教えを請う

昨年（２０１２年）の６月に話を聞いたとき、内澤旬子さんは次のようなことを言っていた。

「もうトシなんで体に負担をかけたくない、本の重さに耐えられない、１００グラムでも軽くしたい、取材旅行で何冊も持ち歩きたくない。その点、ｉＰａｄはいい」

障害や難病などにより、紙の本を読むことが身体的に難しくなった人たちにとって、電子化しｉＰａｄなどで読むという方法はありではないか、と取材に同行していた仲俣さんは内澤さんの話を聞いてつぶやいた。

この話を聞いて僕は思った。実際、そうした境遇にある人で、本をたくさん読んでいる人は、どのようにして電子化に取り組んでいるのだろうかと。そのとき、真っ先に話を聞いてみたいと思ったのが大野更紗さんである。果たして本の電子化は難病当事者である彼女の生活の手助けになっているのだろうか。

ビルマの難民支援などに奔走していた２００８年、大学院生だった大野さんは突然、自己免疫疾患系の難病を発症する。その闘病エッセイである『困ってるひと』はベストセラーとなり、現在は、作家としての活動のかたわら、明治学院大学大学院社会学研究科に在籍、博士前期課程で学びつつ、ロビイングなどの社会運動もしている。それは「難病患者が一人で生きていくための、リスク分散」なのだと大野さんは言う。「私は私の世代として一人で生きていく。自分で実証して、実現したい」、と。

話題になっている『困ってるひと』を読んでみると、単なる闘病記とは一線を画した深い本であった。かなりの読書家だということは、語彙の多様さ、思考の深さ、ユーモアのセンスから感じられる。かかりつけの病院近くのマンションに住んでいるというが、本の数と部屋の広さのバランスを彼女はいったいどうやってとっているのだろうか。もしかすると、片っ端から蔵書を電子化していたりするのだろうか。

僕よりも一回り以上若い彼女は、それこそ生まれたときからデジタル機器が周りにあったはずだ。僕も抵抗感がない方の世代だとは思うが、1980年代生まれなら、さらにそうかもしれない。大量に電子化した本をタブレットで読むことに全く抵抗がなかったりするのだろうか。そんなことを知りたいと思い、取材を依頼すると、仕事場でもある自宅への訪問を許可してくれた。

大野さんは、投薬しているステロイドの副作用で皮膚が薄弱化しているので、強い洗剤に触れられない。感染症にかかりやすい上に、1回かかったら急速に重篤化するという。そのため、食器を洗ったり、洗濯物を干したりすることはできない。ほこりは厳禁で、部屋の掃除が欠かせない。なのに、感染症を避けるために自ら掃除ができなかったりする。だから彼女の一人暮らしにはホームヘルパーの手助けが欠かせない。毎日1時間ずつ、毎回違うスタッフが家を訪れて、掃除をしたり、皿を洗ったり、料理を作ったりして帰って行くのだという。

彼女の城である自室の玄関には電動車いすが置かれていた。そのすぐ後ろには同じサイズの小さな段ボールが積み重ねられている。口の開いている箱の中から本が見える。業者へ送る分を梱包した段ボールであった。大野さんはある業者の「月50冊までスキャン（OCRつき）して約1万円」というサービスを利用している。それだけたくさんの本を買うということだ。

「普通の人は月に50冊も買わないですよね（笑）。これは本を食い物のように消費する玄人のためのサービスなんですけど、これでも足らないぐらいです。本を買うのは95パーセントがアマゾン（世界十数ヶ国に展開している通販サイト）です。クレジットカードは何枚か持っているんですけど、学生の与信限度額（利用限度額）は低いので、超えそうになっちゃうんです。そんなときはｈｏｎｔｏ（丸善・ジュンク堂・文教堂といった大型書店と連携している書籍の通販サイト）で買います」

利用限度額を超えそうになるぐらいに本ばかり買う、というのは相当の本の虫である。では実際、どんなときに本を買うのだろうか。

「2万円もする専門書を「えいっ」ってクリックして買っちゃったりとか、論文にもならないラフなペーパーを書くために段ボール1箱分の本を注文したりとか。こんなに人間は本を買うものなのかって呆れられる程度に買うときがあるんです。私、高い本を買うのに何にも感じない人なんです。オタクが大枚はたいてフィギュア買ったり、おしゃれな女性が高い服を買ったりするとき、何の抵抗もないと思うんです。私が高い本を買うのは、それと同じなんじゃないでしょうか。部屋のキャパシティよりも、どうやって情報にアクセスするかが気になります。一院生としては、大概そのことばかり考えてるんです」

そんな知識欲旺盛な大野さんの部屋は縦に長いトータルで10畳ほどの1K。入ってすぐのところにある壁のコルクボードには、『男はつらいよ』の渥美清のピンナップが貼られている。手前の部屋がキッチン、奥にはベッドと作業用の机とデスクトップＰＣが置いてあるのが見える。蔵書家の家にありがちな、平積みしてある本で床が見えなくなっているという状態からはほど遠い。

それどころか床には1冊もない。キッチンとは反対側の壁ぎわのスライド書棚や奥の寝室兼仕事部屋にあるいくつかの書棚にきちんと収まっている。

「『困ってるひと』の印税が入って来たとき、本以外で唯一、自分のために、大枚はたいたのが、この本棚付きの机とスライド書棚です。日本の机は低いので、通常よりだいぶ高くして、パソコンを打ちやすくして、さらに本棚をつけたんです。棚にしても学術書が入るサイズのものがなかなかない。その調整とか、棚板がたわまない棚とかを工務店に相談して特別に作ってもらいました。

執筆はこの机に置いてある大きな画面のＰＣでないとできません。それに資料がつねに手の届くところにないと書けない。ここが私にとっての小さな自分の世界、いわば自分の「小さな部屋」なんです」

20世紀前半に活躍したイギリスの女性作家、ヴァージニア・ウルフは、『自分だけの部屋』の中で「小説なり詩なりを書こうとするなら、年に五百ポンドの収入とドアに鍵のかかる部屋を持つ必要がある」と書いているが、大野さんはそれを地でいっているのだ。

大野さんの執筆環境。書棚と机が一体になった特注のデスク

そんな大野さんだけに、「自分だけの部屋」をより機能的に使えるよう、工夫に余念がない。たとえば、机まわりが典型的である。デスクトップPCのディスプレイを取り囲むように本棚になっていて、PCで作業する時はそれらの本の背表紙が必ず目に入るように置いてある。

「部屋に置いてあるもの、視界に入るものが思考に影響を及ぼすので気をつけています。座ったときの目線の先に置いてあるのは、「目指している人」の本、こちらの段は自分の手の届かない研究者の本、という具合です」

机まわり以外の本棚もそうだ。本を床に置かないのはもちろん、本の背表紙が重なって見えなくならないように、大野さんは気を配っている。

「本が重なって背表紙が見えなくなると読まなくなるんですよ。読まない見ない本というのは、私にとって使えない本だということなので持ってないのと同じなんです」

そう言って、大野さんは僕たちにも手伝わせ、スライド書棚の前を塞ぐように積まれていた本を片付けた。膨大な本を買いながら、かなりストイックに部屋の秩序を保っている。そのためには、日々のスキャンが欠かせない、というわけだ。

「この部屋には紙の本を置ききれないので、ときには買って翌日にスキャンに出すこともあります。そのときＯＣＲ化は絶対やります。スキャンしたのは今までに２４４３冊（うち某業者発注分１１１５冊。２０１３年８月当時）。それだけあれば忘れている本もあるわけです。だけど検索をかければ、著者の本が何冊あるか、すぐに出て来ます。検索キーワードはタイトルと本文でヒットしますから」

買ったそばから、「自炊」にまわすこともあるというが、自炊した本は読むのだろうか。

「もちろん読みますよ（笑）」

このあたりが武田徹さんとの違いである。彼女は「自分だけの部屋」の秩序を維持するため、読んでいようがまだ読んでいまいが、割り切って片っ端から電子化する。そして、それを置いておくだけではなく、フルに活用するのだ。

本以外の紙資料についても電子化は徹底している。

「昔は全部自分で資料を紙でファイリングしていたんです。テレビの後ろに見えますよね。それは私が「ビルマ女子」としてフィールドワークを盛んにしていた時代のものなんですけど、もう捨てかかってます。以前は現物のファイルをすべてとっておいていたんですけど、最近は全部、スキャンして廃棄しています。

スキャンは自分でやったり人に頼んだり、いろいろです。役所の書類はスキャンしてフォルダで管理します。業界紙はたまってしまうのでどんどんスキャンします。研究会で知り合った人とかにも頼んだりします。そんなわけで、入手困難な資料など、コアなものとデータしか基本的には残らない（笑）」

スキャンの手間を省くために最初から電子版を買ったりすることもあるのだろうか。

「日本語の本は紙の本が欲しいんですよ。すぐに業者に出してＰＤＦ化してしまうのにね（笑）。だから最初から電子版を買うことは、よほどのことがない限りないですね。電子版しかないというのであれば別ですけど」

金額を考えれば、読みにくくても電子版があるものについては、わざわざ紙の本を買う必要はないのではないか。

「紙で読まないと読んだ気がしないんですよ。リーダビリティ（読みやすさ）はまだ圧倒的に紙の方が上だと思うので。ただし英語の本は別です。キンドル・ペーパーホワイトの辞書機能がとてもいいので、読まなきゃいけない洋書とかは、これで辞書を引きながら読みたいんです」

紙の読みやすさを認め、電子版がある本でも、まずは紙の本を購入する。いきなり電子版を買わないというところが、大野さんの紙の本に対してのこだわりなのである。ただし、そのこだわりよりも、「自分だけの部屋」の秩序を守ることのほうが、大野さんにとって、重要なことなのだ。

「一緒に議論している院生のスタイルを見ていると、もう電子化は時代の流れなんだなって思います。テキストは作品じゃなくてデータなんです。私自身も、本に愛着を持ちながらも、大量にデータを扱うタイプの人と同じような感覚でテキストを扱っている。データベースになっている方がいい。私は紙で残すことにそんなにこだわってないんです。薄情かもしれませんが」

彼女にインタビューをして、すっかり感化され、そして反省した。僕の4畳半のアパートは仕事場として全然機能していないからだ。武田さんのように置き場所を確保できない以上、リミットをもうけて、電子化を率先するしかないのではないか。そのように考え直した。その上で自分が目標とする作家の本の背表紙を見ながら書く。大野更紗さんの拠点のコンセプトと同じだが、僕も同じ路線で、「自分だけの部屋」を作るべきなんだろう。そう思うようになった。

＊　＊　＊

この章では電子化という方法で蔵書問題を解決したケースをみてきた。

武田徹さんと大野更紗さん。二人に共通しているのは、電子書籍よりも紙の本の方が読みやすいという考えだ。大量に電子化してしまったことを武田さんは後悔していた。日常的に電子化をくり返し、電子化した本を後でちゃんと読むと言った大野さんにしても「リーダビリティは紙が上」「日本語の本は紙で手に入れたい」と話していた。

全ての蔵書を電子化してしまうのは味気ないと僕も思う。iPadなどのタブレットの出現、読みやすさを劇的に向上させるアプリの開発という二点によって、「電子化された本棚」の活用が可能になってきた。だけれども、それは、武田さんのような尖った人の新しいことへの挑戦か、場所がないけど本をたくさん所有したいという矛盾を解決するための打開策として実践するか、どちらかでしかやる価値がないのではないだろうか。

物体としての本を増やしつつ、しっかりと維持・管理していくという方法は、財力に余裕があれば不可能ではない。僕だってそうしたい。本がまぐれ当たりして高額所得者にでもなれば、そうした方法で解決することも可能だろう。だけど数千万円というお金がいきなり入って来たら、生活費や取材費に使いたいと思うはずで、おそらく書庫建設にまでお金を回すことなど今後もずっと夢の夢なんだろう。

附記1　その後の状況について武田徹さんに伺った（2018年1月）。

「その後、ほとんど自炊していないと思います。例外は、取材の資料で要返却の社史、昔、図書館で借りてコピーして持っていた数冊、絶版となった過去の自作です。本棚スペースに余裕があるうちは紙のかたちでと思っています。スペース節約のために新作を電子本で買ったりしますよ。入手困難な古い本で電子復刻版があるものについても電子本を選択して買いますね」とのことだ。

附記2　研究者として活動中の大野更紗さんは、今も同じ部屋に住み、紙資料の電子化を続けている（2018年1月現在）。その際の方法は媒体によって変えている。なくすとこの世から消えてしまうような貴重な資料については非破壊によって、膨大な量となる統計データなどの紙資料は複数人で手分けしてスキャンしている。書籍については、お話を聞いたときと同様、電子化業者に送りPDFデータのみをオンライン上で受け取っているという。

「電子化の利点は、チームでクラウド上でデータ共有しながら同時進行で作業する形態に適していることです。また、Ｄｒｏｐｂｏｘなどで全文検索機能を使用できるので、紙と比較すると文献の取りこぼしが激減しました。もはや、紙の電子化なしで研究を行うのは考えられない状況ですね」

話を伺ったときの方法に磨きをかけて、日々の活動に生かしていることがわかる。

11章　なぜ人は書庫を造ってまで本を持ちたがるのか

知人の書庫に出くわす

一昨年の「床抜け」問題の勃発以後、問題の根本は何ら解決していない。置けるのは妻子と住む家とアパートだけしかないというのに、どんどん本は増えていく。アパートから避難させた大きな二つの本棚には入りきらないようになり、本棚のまわりに本や書類を床置きして何とかしのいでいるという体たらくだ。

そんな状態なので本棚の下の段はすっかり見えなくなり、取り出すのにすら一苦労するようになってしまった。増えていく本の数に妻もあまりいい顔はしていない。というか「はやくどこか持っていって」と言って嫌がっている。物としての本をこれ以上増やすのは無理があるのだろうか。だけどできれば電子化はしたくない。いったいどうしたらいいのだろうか。

そんな風にして、増え続ける蔵書や資料の多さに悩んでいた２０１３年の年末、思いがけない出会いがあった。杉並区の阿佐谷で用事を済ませた後、原付バイクを中野方面へ走らせているときのことだ。早稲田通り沿いに、四角くてほとんど窓のない風変わりな建物を沿道に見つけた。今まで気がつかなかったのは、阪急電車の客車に似た小豆色という落ち着いた色で全体が塗られているからなのかもしれない。

建物が気になって、徐行したところ、その建物の前を掃き掃除している一人の男性を見かけた。立ち姿の美しいガシッとした体形には見覚えがある。さっそく僕はその男性に話しかけた。

「あれ、先生じゃないですか」

「あっ、西牟田くん。こんにちは。なんでこんなところにいるの」

思った通り、松原隆一郎さんだった——。

前半で松原さんには蔵書に関しての現状や意見、そして二つの震災体験について聞いた。話を聞いたのは2012年の4月のことだ。震災体験のくだりでは、本棚が真っ二つに割れるという経験を経たというのに書庫スペースを整理せず、なぜか嬉しそうにしている様を記し、その理由については書かなかった。このとき松原さんが嬉しそうにしていたのにはわけがある。新しい書庫の建設について、話が及んだからだ。

「研究室のほうは片付きました。一方、書庫のほうはもう整理する気がなくなっています」と言った後、松原さんは嬉しそうな口ぶりで話を続けた。

「というのもね、書庫を造ることになったんです。完成した半年後にそこは引き払う。だから整理する気がなくなっているんです」と。

いきなりの話の転換に、すぐにはついて行けなかった。なので思わず「書庫ってなんですか」と訊ねた。「早稲田通り沿いに書庫を造ることにしたんです。来月（2012年5月）に工事を始めます」

そのとき僕はてっきり、地震に備えての建設なのだと思い込んだ。前述の通り、松原さんは1995年の阪神・淡路大震災で妹を亡くし、実家が全壊するという災難に遭っているし、3・11の震災で本棚が崩壊するという経験をしているからだ。ところが松原さんの話は再び僕の見立てを覆した。

「計画が決まったのは震災の年の秋だけど、震災前から物件は探していました」と。

建設の詳しい経緯は、松原さんが建築家の堀部安嗣さんとともに記した『書庫を建てる　1万冊の本を収める狭小住宅プロジェクト』（2014年）に詳細を譲るが、簡単に書くと、「もともとは祖父母の仏壇を入れるため」という理由なのだという。

生前、財をなした祖父母を弔うための仏壇がある。その仏壇が、父母が亡くなったこともあって宙に浮いているそうなのだ。長男である松原さんは財産分与の点で妹と均等だった。なのに仏壇と墓の管理を任されてしまった。松原さんは思った。長男だからといってこの不公平な状況をどうしたらいいのか。自分は故郷の神戸を離れて東京に住んでいる。今の家は狭いので、仏壇は置けないというのに――。松原さんは遺された者だからこその厄介事を抱えていたのだ。

さらに普段から毎月50冊以上が献本され、置き場所に困っていた本をどうするかという問題もあった。家庭の事情と蔵書の問題――。それらを同時に解決する方法として、仏壇の入る書庫の建設を思い立ったというのだ。僕が前回インタビューに訪れた2012年の春頃は、建築家との設計案がまとまり、いよいよ建設に取りかかろうとするときだった。

さて、話を2013年12月の松原さんとの立ち話に戻すとしよう。

「たまたま通りがかったんです。おっしゃってた書庫というのは、これなんですね」

「今、時間ある？　中見ていく？」

松原さんは掃除をやめ、書庫を案内してくれた。ドアを開けて中に入るとそこは別世界。中には丸い吹き抜けが上から下まで空いていた。本棚は吹き抜けのまわりの壁すべて。本棚から垂直に段違いでステップがせり出している。本棚とらせん階段は一体化していて、登ってみると絵巻物のように背表紙が展開し、登っているという実感や時間の概念が吹っ飛びそうになる。階段を登ったり降りたりしながら内壁と一体化した本棚の本を見ることができるのだ。これはすごい。

「壁が書棚になっているというつくりはけっこうあるんです。だけど普通は四角。外側が台形で中が丸というのは珍しいんです」

そう言って松原さんは静かに胸を張った。でもなぜ中を四角にしたりとか、または外も中も円形にしなかったのだろうか。床が抜けずたくさん本を置くためにはどのような工夫がなされているのだろうか。書庫という空間の居住性はどうなっているのだろうか。建物の構造ににわかに興味がわいた僕は、建築家が来訪するタイミングに合わせて、後日出直すことにして、松原さんの書庫を後にした。

「崩れた本」のゆくえ

実はこの年の春、似たようなタイプの書庫を先に見ていた。それは、松原さんの言う「けっこうある」というタイプの四角い書庫であった。

3章と5章で紹介した草森紳一が1977年に建てた任梟盧（にんきょうろ）である。この建物の持ち主、草森紳一は博覧強記の評論家であった。ナチスや毛沢東によるプロパガンダ、中国の古典にマンガに野球とあらゆるジャンルに精通し変幻自在の評論活動を続けた。彼の活動を支えたのはすでに紹介したとおり、2DKのマンションに所蔵する約3万2000冊の蔵書であった。

亡くなったとき、あまりに本が多すぎて発見が遅れたという逸話があるほどに、生前の草森は本を溜めていた。それが彼の蔵書全てだと思っていたら、彼の長年のパートナーであった東海晴美さんによると、帯広市の近郊に位置する彼の故郷・音更町には約3万冊を所蔵する書庫があるという。それが任梟盧だ。

その話を聞いたとき、あまりの本の多さに「えっ、まだあるのかよ」と呆れて一瞬ものが言えなかった。そして5章に記したとおり、草森が自宅に溜めていた約3万2000冊の蔵書はその後、故郷にある帯広大谷短期大学が受け入れている。現在は2000冊が短大で公開され、残りの約3万冊は廃校になった小学校に非公開で保管されているとのこと。

2013年のゴールデンウィークに家族で北海道旅行に出かけたついでに、草森の遺した本のゆくえを見てきた。向かったのは、没後、運び込まれた約3万2000冊の蔵書が保管されている元小学校と帯広大谷短大、そして約3万冊の古い蔵書が所蔵された書庫「任梟盧」である。

その旅で最初に訪れた草森蔵書の保管場所は、旧東中音更（ひがしなかおとふけ）小学校である。帯広大谷短大が引き受けた3万2000冊のうち、ここには原則非公開の約3万冊が所蔵されている。牧場と畑と針葉樹林が交互に続く人口密度が少ない荒涼とした風景、その一角にぽつんとその建物はあった。平屋の旧校舎は2010年に廃校になったばかり。水洗トイレに放送室、図工室に保健室、校長室、職員室と各部屋の入り口が脇にある板張りの薄暗い廊下を歩くと、建て増しされたとおぼしき新しい建物へつながっていた。199 9年に改築したというから、新しい部分は10年あまりしか使われなかったことになる。

静かでひっそりとした雰囲気の暗い廊下を抜け、新しい建物に入ると、視界がわっと広がった。しかもとても明るい。頭上から外光が柔らかく射しているからだ。パネル状のカーペットが敷かれているその部屋は建物のハブになっていて、引き戸で三つの教室につながっていた。小学校の教室はそれですべてだ。6学年あるはずなのに三つしか教室がないのは、2学年ごとの複式学級だったからだ。廃校までの80年間に卒業生はわずかに624人、1学年当たり8人弱の計算である。

多目的スペースの空きスペースにはスチール製の本棚が等間隔で3列にわたって置かれている。高さ2×幅2・5メートルほどと大きさは揃えられていて、空いたスペースはあまりない。地震対策なのか、すべての本棚はレールのようなもので連結されている。

そこには、黄ばんだ箱入りの本や高そうな大型本、単行本が目立った。棚板の高さはすべて同じなので、大型本は入りきらず棚ごとに平積みとなっていた。ジャンルを示す紙が棚の上部に貼られていて、「大正昭和史」「李賀　和書中国語原書含む」とあったりする。

別の棚はコミックスと文庫本で埋め尽くされていた。マンガのコレクションは時代に統一感がなく、60〜70年代に連載が開始された『ゴルゴ13』『包丁人味平』『のたり松太郎』『釣りキチ三平』といった古いものから、90〜2000年代に連載された『ナニワ金融道』『ケロロ軍曹』『ヒカルの碁』という比較的新しいものまであり、草森がいかに長い間マンガを読み続けてきたのかが確認できた。そのジャンルもまちまちで、上記のようなストーリーマンガ、ギャグマンガに加え、有害図書指定されそうなエロマンガまであった。

文庫本は、『北朝鮮はるかなり』『おくのほそ道』『ラルフ・ローレン物語』『イスラーム思想史』『更級日記』『ジャンヌダルク』『狐の嫁入り』など、日本の古典、海外物、小説、ノンフィクションとやはりジャンルがバラバラで、文庫本ということ以外、何の共通項もなかった。

引き戸を開けて元教室のひとつに入る。連結され並べられたスチール製の本棚がやはり目についた。どの棚もだいたい本で埋まっている。本棚だけが存在感を主張していて、教室として使われていたころの様子を連想するのは難しかった。一旦、多目的スペースに戻り、ほかの教室にも入ってみたが、同様だった。

教室の本棚には『20世紀少年』『ONE PIECE』といった、だれでも知っているベストセラーのコミックスが目についた。彼らしいなと思ったのは、そうした人気コミックスの上の棚に『江戸深川情緒の研究』という渋いジャンルの箱入りの上製本が置かれていたことだ。

アトランダムに何冊か本を引き抜いて開いてみる。すると、赤鉛筆で単語に丸く印がしてあったり、丸から線が延びていたり、付箋が貼ってあったりと書き込みだらけの本がちらほら目立った。草森はこれらの膨大な本を単に野放図に買い求めたわけではなく、使い倒したのだ。

書棚の置かれている多目的スペースには光が射しこみ、とても明るい

　こうしてすべての本の背表紙が見えるように整理されているのを見ると、草森の本をめぐる壮絶なエピソードの数々がいったい何だったのか、狐につままれたような気分になった。教室三つと多目的スペースの計四部屋を費やしたとはいえ、並べてみると案外、場所をとらない。草森が命を削るようにして抱え込んだ蔵書の持つ迫力が、半減したような気がして拍子抜けしてしまった。

　しかし、こうして蔵書を本棚に整理し、そのタイトルを可視化することで、彼が何を考えていたのかがつまびらかになるというのはおもしろい。

ここまできれいに並んでいるのだ。ほとんど整理は終わっているに違いない。5章での東海晴美さんの話からそう思っていたのだが、どうも事情は違うようだ。

ここでの整理を担当するボランティアの一人、木幡裕人さんは言う。

「整理の途中で、どこに入れたら良いのかわからなくなったものもあるんですよ」

よく見ると「不明分」と記されているコーナーが確かにあった。オールジャンルの知の巨人だけに、厳密な分類が難しく、蔵書整理のボランティアは20名以上いるというが、ずいぶん手を焼いているようだった。整理は道半ばなのかもしれない。

旧小学校のあとは帯広大谷短期大学へ向かった。というのもここには2000冊を展示する記念資料室40平米（12・1坪）があるからだ。大学の校舎の中に用意されたその一室を訪れると、そこには写真集や生原稿などが置かれていた。草森紳一のことを視覚的に、一目で見て理解できるような展示がなされていて、非常にわかりやすかった。しかも、担当者立ち会いのもとという条件はつくが、この資料室に設置されたパソコンで、没後に運び込まれた約3万2000冊にのぼる蔵書のデータベース検索ができるという。

「中国の古典がそうですが、かなり高額な本も多数ありまして、東中音更小学校のほうは、そのために原則、非公開としているんです。本来であれば地域の人たちが自由に見られるようにした方がいいんですが」と言うのは、草森本を故郷に受け入れるため中心となって尽力した帯広大谷短大教授の田中厚一さんである。

一方、記念資料室のほうは旧小学校の書庫のようなボリュームはなく、物足りない。たとえて言えば映画の予告編のようなものだ。草森紳一に興味を持つとっかかりとしては非常に優れているが、それ以上ではない、ということだ。

ガラスケースには『随筆 本が崩れる』の生原稿とゲラがあった。毛筆の生原稿はくずされすぎて、にわかに判読できない。その一方で、ゲラに記された万年筆での細かな直しの字は読みやすかった。同じ人物が書いているのに、筆が違うからといって、なぜこれほどまでに読みやすさに差がつくのだろうか——。

そんなことを考えながら、ケースの中を覗き込むようにして眺めていた。すると、そばにいた、草森紳一に顔つきの似た長い白髪に野球帽をかぶった70代とおぼしき男性がわきでつぶやいた。

「兄貴の直筆はもっと綺麗でした。もともとは几帳面できれい好きなんです」

その方は草森紳一の弟である英二さんであった。

塔のような書庫

ボランティアの高山さんが運転する車に同乗した英二さん。その二人の車の後をついて走ること約15分、任梟盧に到着した。それは帯広駅からは車で20分ほどの、郊外の住宅地にあった。高さは9メートル、幅は約7メートル、奥行は10メートルほど。牛乳パックのような四角くて白い、屋根が三角に尖った塔である。外壁は薄くて長い板状の屋根材を横に並べウロコのように重ねてあり、洋館の屋根で全体を覆ったような外観だ。まわりは比較的ゆったりとした敷地で仕切られた住宅街。北海道の牧場などでよくみかけるサイロと勘違いする人が多そうだ。外壁に使われている屋根材はもとは白かったようだが、経年劣化なのか、全体的にくすんでいる。草森が39歳だった1977年にこの書庫を建ててから、35年以上の歳月が流れているのだ。

「兄貴が木造にこだわってつくったので雨漏りするんですよ」と英二さんが言う通り、角にガムテープが貼ってあったり、ビニールで外壁のまわりを覆ってあったりして、かなり老朽化していることが見てとれた。窓といえば身を乗り出すこともできない小さなものがかなり上の方についているだけで、光をなるべく入れないように工夫していたことがわかる。

英二さんに手招きされて、中に入ろうとしたとき、ドアの脇にかかっている「任梟盧」と書かれた扁額（へんがく）がふと目についた。これは井上洋介という画家が桜の木を彫って作ったもの。草森作品の挿絵を手がけた画家である。

この建物の名前にはどんな由来があるのだろうか。英二さんに訊ねてみた。

「兄が研究していた李賀という唐の時代に生きた詩人の詩の一節からとったんです。

「任梟盧」とはサイコロ賭博の一番強い目のこと。つまり「強い目に任せる＝ええいどうにでもなれ」という意味です」というから、草森は自分の人生をダブらせてそういった名前を書庫に付けたのかもしれない。

英二さんがステンレスの取っ手を引いてドアを開けるとコンクリート造りの床が見えた。右脇には靴に混じって文庫本が並べられた靴箱がある。正面には一段高くなった緑のカーペット敷きの上がりかまちがあり、そのすぐ奥は一軒家でよく見る木の階段が見えた。

任梟盧の外観

中に入ると、カビの臭いが鼻腔をつき、保存状態が大丈夫なのか、不安になった。

最初の階段を上りきって、中二階にある踊り場に出た。そこから見上げると三角屋根の内側の天井まで吹き抜けになっていた。9メートルの外壁上部は三角屋根で、その下には直角の壁がまっすぐ地面まで続いているらしい。

ところどころ階段に遮られているので、上から下まで壁面すべてを見渡すことはできない。しかしその壁すべてが一つの本棚だということは察しがつく。しかも前後左右、すべての面が本棚なのだ。角張っているということもあり、とても重厚で、本に取り囲まれる圧迫感がある。それだけに草森紳一という稀代の読書家の知識量に圧倒されるような気がして、迫力があった。

階段を上っていく。すると、途中、踊り場に新聞紙が敷いてあり、建物が老朽化し雨漏りしているという話が本当だと確信した。このあたりにある本の中には、湿気てしまい読めなくなってしまったものも一部ありそうだ。三角の天井は、ベニヤ板のようなもので覆われていて、天窓もついているが、天井の一部に小さく開いているだけで、あまり光は射さない。

棚に並んでいる本の状態はどうだろう。手に取ってみると、それらは紙も相応に劣化してはいたが、読めないというほどではなかった。南方熊楠、泉鏡花、柳田國男、フォークナーといった著名な学者や小説家の箱入りの全集が多いという点が、先に見た旧小学校でのコレクションと違っていた。マンガにしても、１９７０年前半の少女マンガだったり、『鉄腕アトム』『ドラえもん』『漂流教室』だったりと、置いてあるのは古いものだけ。任梟盧が竣工した１９７７年の段階で止まったコレクションだとみなしていいのだろう。

任梟盧の床面積は6坪ある。そのうち吹き抜けが4坪を占めている。吹き抜けの内側には四角くとぐろを巻く階段があり、その途中にはミニ書斎スペースとして使える踊り場が四カ所ある。固定されていないハシゴがあるが、どうやら、これがないと本が取れない棚があるということらしい。一階には机の置かれた書斎部屋があり、巨大なトンボの彫刻や、愛用のジャケットが壁に掛かっている。また最上階近くには畳が敷かれた寝室があった。没後まったく手をつけていないのか、部屋には草森の気配が濃厚にあり、見学していると、今にも後ろから草森がぬっと現れるような気がしてならなかった。

終の住処となった東京の2DKは、約3万2000冊もの本が狭いスペースに置かれていたがゆえの迫力があり、だからこそ「本に力をもらってる」と草森も生前に

壁面の書棚には、ハシゴに乗らないと手が届かない高さまでびっしりと本が並ぶ

語ったのだろう。任梟盧は圧倒的な高さを持つ本棚に四方を囲まれている。これらの本の持つ存在感はすさまじい。書き手をせき立てて書く気にさせる、という意味では、終の住処となったマンションの部屋と同じ特徴を持っていると言っていい。

そもそもなぜ東京暮らしの彼が実家にこうした書庫を建ててしまったのだろうか。弟の英二さんは言う。

「その頃は稼ぎが良かったし、建築の勉強もしていたから、建ててみたかったんでしょう」

当時、草森はすでに3万冊以上の蔵書を持っていたから、置き場問題については頭を悩ませていたに違いない。雑誌で大活躍していたから、そこそこの貯蓄もあったはずだ。そこに建築への興味というものが結びつき、建築に踏み切ったと考えていいのだろう。実家の敷地を選んだのは、土地代を気にすることなく建てられ、しかも自分とゆかりの深い土地である、ということが決定打になったのではないか。しかしその建物がちゃんと家族の同意を得た上で建てられたかどうかは、英二さんの口ぶりからすると微妙な感じがした。

それはともかくとして草森が当時、建築に強い興味を持っていたことは任梟盧を造るにあたり、設計者の山下和正氏に出した注文からも何となくだがうかがえる。

できるだけ本が狭いスペースに収容できること、書斎に籠ることが、胎内へ回帰するような「内臓空間」を表現すること、この塔の側を通る子供たちが見て、大人になっても奇妙な塔の記憶が残るようなフォルムを造ることだった。

（『太陽』1981年11月号）

「内臓空間」という耳慣れない言葉がひっかかる。パートナーだった東海晴美さんによると、これは自分自身と対峙できる深い穴倉のような空間ではないか、とのことだ。それだけではなく、草森は周囲からの見られ方にも目配りしていたわけだ。

いくらゆかり深い土地だからといっても、東京と帯広は実に遠い。普段住んでいた東京からこれほど離れていたら、本がたくさんあっても使えないのではないか。故郷に建てたことで本が死蔵されてしまったのではないか。

「自主的にカンヅメになって執筆したいときとか、調べ物したいときとかは、ここに来ていました。全集とかを家に持って帰ったりして持ち出したり、来られないときでも、『〇〇を送ってくれ』と私に電話して来ました。その頃は東京と神戸とここに拠点があり、飛び回ってましたよ」というから、少なくとも建てたときはそうではなかったらしい。

ところが両親が亡くなってから状況は一変する。

「母が生きていたときは見舞いがてら来ていたんです。しかしその母、そして父が亡くなってからは寄りつかなくなったんです」

両親との死別をきっかけに本は活用されなくなったのだ。

「兄貴は甘えてたんです。実家にこんなものを建てて、固定資産税の支払いはしないし、管理も任せっぱなしなんだから」

書庫の維持に長年携わってきた英二さんは苦笑しながら兄、紳一のことを批判した。だからと言って、兄に恨みを持っているわけではない。それどころか、むしろ英二さんは任梟盧にただならぬ思い入れを持っている。

「そのうち帯広大谷短大へ行くのかもしれないけど、オレは兄貴の本を読めるだけ読みたい」

兄同様に漢文の素養がある英二さんは、残りの生涯をかけて兄の残した知の空間を守り、そして使い尽くそうとしている。

そんな英二さんの強い意志により、あるじを亡くした蔵書の塔は維持されている。東中音更小学校にある帯広大谷短大のコレクションと任梟盧の蔵書は当分、統合されないということらしい。

狭小物件の円形書庫

書庫を設計した建築家の堀部安嗣さんが1年点検（不具合がないかの確認）のために

来るというので、その機会にあわせて松原さんの書庫をたずねてみることにした。竣工からまる1年を目前にした２０１４年1月28日のことだ。

「ごめんください」

ドアの上は、建物の角がちょうど雨のよけられるひさしになっていた。

「どうぞ」

松原さんと建築家が揃ったこの日を選んで他のメディアが来ているのか、ドアの内側には靴が10足ほども並んでいる。中に入ると暗くて丸い、狭いのか広いのかよく分からない吹き抜け状で円形の本棚がふたたび現れた。

二階建てで半地下の物件である。地下を丸々一階掘らなかったのは、阿佐谷という名前のとおり、このあたりの土地は谷地だから掘ると水が出るからだ。大雨が降ると、地下室は冠水してしまう恐れがあるのだという。

松原さんに招かれて、中に入る。ドアを閉めるとまるで異次元空間。広さや時間の感覚がまったくなくなってしまうような錯覚に陥る。ゆるやかならせん階段をのぼる。本は手に届くところにあるし、背表紙にも目が十分行き届く。絵巻物のようにするするすると一番上までいってしまう。吹き抜けになった眼下を見下ろすと思いのほか高さがあり、高所恐怖症の僕は目がくらみそうになる。カメラを落とすと下にいる人に大けがをさせてしまうはずだ。

新書、文庫、小説。そして専門の経済の各分野、そして途中に仏壇。そのあとは景観、格闘技、ノンフィクションと続いている。蔵書には松原さんに文庫版の解説を書いていただいた僕の単行本も含まれていた。

書庫が円形なのでおのずと、棚の奥のほうが扇型のようにやや広くなっている。そのため本を抜いたり差したりという動作が簡単なのだという。箱に入った古い全集やマンガ、中国の古典といった本は見当たらないし、ぼろぼろに劣化した本も目につかない。1万冊もあればある程度は草森の蔵書とダブりがあるはずだと予想していたが、実のところほとんどなかった。しかし、得意分野に関する本が多い、という特徴は共通していた。

草森の蔵書には、李賀やマンガ、ナチスのプロパガンダに関する本が多かったし、松原さんは経済学関連の本、格闘技、景観といった本がやはり多かった。二人とも読んできた無数の本に大いに影響され、知識を蓄え、思考力を鍛えてきた。草森にしろ松原さんにしろ蔵書に育てられ、それを活用しているということだ。

およそ1万冊の本は、松原さんなりの秩序によって、厳密に配置されている。

「昔からそうなんですが、頭の中を階層化して処理しているんです。だから棚の位置を書いた表で十分です。データベースはありません」

背表紙を眺めながら、考えをまとめ、執筆する。そうした一連の行為をするために、この書庫が必要なのだ。それにしても、思いのほか古い本が目立たない。おそらく松原さんは自分にとって必要な本を常に入れ替えて、必要がなければ処分するのだろう。もしそうしなければ、献本分が50冊、購入分が15冊というペースで毎月、本が増え続け、そのうちこの書庫がパンクしかねない。

松原さんが書庫を整理するとき、心がけていることがある。それはあえて棚に遊びを作ることだ。

円形の吹き抜けの周囲に書棚が、らせん状に配置されている

「空きスペースは意識的に作ろうとしています」

常に満杯という状態ではなく、あえて空きスペースをつくることで、この空間の居心地を保とうとしているのかもしれない。

では要る本と要らない本をどのようにして選り分け、どう処分しているのだろうか。1万冊を上限と決めているというが、電子化するのだろうか。それとも売ってしまうのだろうか。

「書類をスキャンしてとって置いたことがありますが、労力がかかる割にあとで使った試しがありません。使っていない本は要りません。要るものだけをここに持ってきて、要らない物は研究室に置くか、かなり処分しています。駒場東大前駅にある古書店にトラックで取りに来てもらうこともときにはあります」

ネットで本を検索し簡単に手に入れることができる時代。使う段になって欲しければ、改めて買えばいい、そんな思い切りが感じられる。

「使うかもしれないということでデータ化したりはしません。私は古い人間なので紙のようにめくれない電子書籍はしっくりこない。それに私は本に書き込んだりして汚しますし、レジュメを作るために一部をコピーして使えるならば電子書籍に乗換えますが、今のところはそうなっていない。だから当面は電子書籍は使わないと思います」

松原さんは残りの人生で、使う本だけを自分の周りに置き、こうして常に並べ替えたりしながら、活用し尽くす。そのための本棚ということらしい。

書庫はなぜ丸いのか

らせん階段をおりたところにあるテーブルには建築家の堀部安嗣さんが僕を待っていた。この半地下のスペースが応接スペースになっているのだ。年末に訪れたときは気に止めなかったのだが、井戸の底のようなこのスペースで、松原さんはインタビューを受けたり客をもてなしたりするということらしい。建物の底にあるこの応接スペースでの語らいが、井戸の底から水が湧くように、こんこんと新しいアイディアや意見を生み出していくのだろう。らせん階段を昇降すると絵巻物のように書影が目に飛び込んでくるという仕掛け、外は四角で中は丸という構造、耐震性、床の強度など。なぜこうした建物にしたのか。工夫の意図について堀部さんに聞いてみた。そもそもなぜ円形なのか。草森の書庫のように四角く造った方がたくさん本が入るのではないか。

「最初のプランは書棚も四角かったんです。土地の広さが28・7平米（8・68坪）とただでさえ狭いので、壁を薄くしたりして無駄な部分を少なくすることに心を砕きました。ただ、四角い書棚だとどうしても本にヒエラルキーができてしまう。角に置かれた本が真ん中より見にくくなってしまうわけです。それに対して円形だと一目で見渡せますから、書棚はそうすることにしました。有効床面積（円）が約14平米（約4・2坪）ですから、もったいない土地の使い方をしていると思います。だけど円形にすることで、本に包まれている感じとか、方向がわからなくなる感じがあります。実際の広さ以上の広がりや無限な感じが出せるんです」

なるほど、この書庫は草森の書庫のように本に急き立てられるような圧迫感がない。圧迫感は書くためのモチベーションになり得るから、それはそれで存在する意義がある。

だけども丸くなったらなったで、胎内にいるような、本に包まれた感覚があり、雑念という雑念がすっと消えていくような気がして、執筆空間としてはこのうえない長所がある。

気になるのは、なぜ外側を内側にあわせて丸くしなかったのかということだ。外側も丸くした方が建てるとき簡単だし、空いた土地を有効利用できたのではないか。

「隣の家の日照を確保しなきゃいけないので、屋根を斜めにカットする必要がありました。外も円形だと二階部分が本棚として使えない部分が出てきたりして、えぐいことになるんです。外を四角にしてコンクリートの肉の部分を増やすことで、いくつもの利点があります。ひとつは先ほど話した屋根の問題の解決、そして遮音性。この場所は早稲田通りに面していて交通量が多いですから。それにドアの部分にひさしをつくれます。これが丸だったらそうはいかない。それに建物としての強度も出るわけです。あと、肉の部分を削ることで仏壇もぴったり入りました」

本の背表紙が絵巻物のように続いている書架を見ながら階段を上っていくと、二階手前に仏壇が現れる。むろん、そこだけは本がない。一見、本棚と同じ奥行ではめ込まれているようにみえたが、よく見ると仏壇の奥行は本棚の倍以上ありそうだ。丸型の建物にすれば奥行の分が内側か外側に飛び出ることになる。そうならないのは四角くしたため、コンクリートに余裕が出たからだ。コンクリートを内側から外側へえぐって背表紙とぴったり合うように設置したのだ。

では次に強度についてはどうなのだろうか。過去に手がけた建築を撮影した作品集を見る限り、堀部さんが得意とするのは木造建築のようだ。なのになぜ得意の木造ではなく鉄筋コンクリートにしたのか。耐震性や床の強度についてはどう考えているのか。

「鉄筋コンクリートは木造に比べて、高さをとれるし、火や振動に強い。それに遮音性能に優れているからです。地震が来ても半地下ですからまず揺れません。床が抜ける可能性はありません。本はそれぞれの棚板が支えていますから」

そもそも僕は前提を間違えていたようだ。この建物は内側の壁が本棚になっている。普通の建物のように本棚を床に置くという構造ではないし、本棚の下は鉄筋コンクリートでその下はすぐに地面なのだ。抜ける床がそもそもないのだ。

では真ん中の床をなくし、吹き抜けにしたうえ、常に天窓が開いているというのはなぜだろうか。

「確かに真ん中を床で仕切るとそれだけ収納が増えたかもしれません。だけど居住性も考えると吹き抜けがいい。それに本が日に焼けることを松原さんは、あまり気にしておられない。すべて人工の光というのも味気ないものです」

書庫の完成まで借りていた月4万5000円の平屋は当初、仕事場としても活用するつもりだった。しかし、四方に本棚を置くと、居ても落ち着かず、結局、2日に1回本を整理に行くだけになってしまったという。また、部屋の真ん中にも本棚を並べたときは、照明が足もとの本まで届かなくなったというから、ますます居住性が落ちたのだろう。

そうした苦い経験もあって、書庫を新たに造るにあたっては、収納性能よりも、ある程度の居住性が大事、ということで吹き抜けにしたのだという。

堀部さんは、僕の質問にことごとく明快に答えてみせた。なるほど建築家の仕事とは、施主が求めるあらゆる要素が絡み合った複雑な方程式を解くような行為なのだ。松原さんの書庫の場合、そこに居住空間という要素も絡んでいたのだ。

約1年間、この書庫を使い続けた感想はどうなのだろうか。松原さんは話す。

「大学に行っているとき以外は、朝から夜の7時半まで、ずっとここにいます。使い心地はすごくいいです。だけど夜は家に帰ります。今高2の一人息子が大学に入れば一緒に夕食を食べられなくなるかもしれませんから。仕事のために出直すこともしません」

裏返せば、息子さんが進学して親元を離れたりしたら、松原さんはますますここを活用するつもりなのだろう。家から書庫まで自転車で5分しか離れていないというのに、小さなベッドルームやシャワールームすら備えている。

仕事場としての機能のほかに、それ以外にもここを建てたことで良かったことがある。仏壇のほかにには戦前から敗戦にかけての写真、実家に生えていたサルスベリのウロ、万年青（おもと）（ユリ科の多年草）といった実家に残されていたものを書庫の建設によって継承し、イエ問題にある程度の決着をつけることができたのだ。

　かといって万事が解決したというわけではない。気がかりなのはこの書庫や集めた本をいつまで使い続けるのか、ということだ。たとえば松原さんの体が不自由になったとき、もっと言うと自分が死んだときのことは考えていたりするのだろうか。祖父の仏壇や庭の木々などをわざわざ移すほどに、継承にこだわっているのだ。そのあたりのことも考えて、ここを建てたのではないか。

　そう思って、松原さんに意地悪な質問をしてみた。「体が不自由になったらこの建物をどうしますか」と。

「いや、このまま最後まで（体が不自由にならずに）いくと思いますよ。もし不自由になったら、死んだも同じです」

　実際そのとおりいくかどうかはわからない。なのにそう言ってのける松原さんの強い自信が、すごく人間くさく感じられて、なんだかしびれた。僕もこうありたい。

　この書庫を建築した堀部さんも言う。

「耐用年数は人の一生よりも長いですからね、誰が使っても応用がきくように造りました。だから、いざというときに売れるとは思います。バリアフリーまでは考えていません。そこまで考えると書庫は建てられません」

そのときはそのときだ。草森紳一の書庫のように、故人を慕っていた人や遺された家族が協力して、どうするのかを考えればいいことだ。もしそんなことが起こるならば僕も協力したい。

附記1　帯広大谷短大のコレクションは東中音更小学校の約3万2000冊から適宜入れ替える形で、その後も展示を行っている。また、データベース検索については、その後、帯広大谷短大の付属図書館職員の手によって改良が重ねられている。例えば、東京で入力されたデータの誤りが改められたり、ISBNが附記されたり、草森が挟んだ付箋の位置がわかるようになったりしているのだ。2018年1月現在、その作業を終えたのはマンガの2513冊だという。

附記2　松原隆一郎さんにその後について伺った（2018年1月）。
「不要になった蔵書は売るか、大学に送って、次に増えたのと入れ替えています。5分の1は入れ替わったと思います。同じ冊数をキープしており、今も背表紙はすべて見える状態です。東大は3月末で早期退職し、放送大学で教鞭を執ります。現在、大学に置いてある本はすべて幕張の放送大学の研究室に運びます」

12章　床が抜けそうにない「自分だけの部屋」

壊れる前兆

自宅に本棚を持ってきてからというもの、蔵書の数は格段に増えていた。ネット書店を利用し、多いときで月に30冊以上、一度に20冊近くというペースで買っていたからだ。本を書くのには資料となる本がとにかく必要となる。事実の裏取りをしたり、考え方を深めたりするためだ。図書館で借りて済ませなかったのは返却が面倒くさかったし、しばらくは手元に置いておきたい、という理由からだ。また4畳半の書斎で受け取ってそちらに置いておかなかったのは、歩いて20分以上もかかるため、行くのがおっくうになり、足が遠のいてしまったからだ。

書斎から持ってきた二つの本棚のうち、図書館本棚（木製、幅90×奥行29・5［上部17］×高さ215センチ）は南向きのサッシに直角の向きで設置していた。隣の子ども部屋との間にあるふすまをふさがないために、サッシの上のカーテンレールを外し、本棚をサッシに密着させていた。本に直射日光が当たらないよう、雨戸は閉め切ったまま使わなくなった。本棚とベッドに挟まれた床（幅約50センチ）には本の入った段ボール（岩波講座「世界歴史」シリーズ、自著のストック）やら、買った本やらを30センチほどの高さまで床に積み上げていた。

「床抜け」問題が起こってからというもの、作品を書くことで頭がいっぱいで、部屋のレイアウトや仕事の収支について、考えがまるで行き届いていなかった。とくに２０１３年は惨憺たる状況で、１００万円に届かないほどにまで収入は落ち込んだ。それでもすぐにお金になる書き仕事やバイトはせず取材や執筆に打ち込んだり、本を買い増したりしていた。

修復しがたい亀裂

昼ご飯の弁当を作ったり、娘を保育園に送りに行ったり、休日になると一緒に公園に連れていったり、ときどきは夕食を作ったりと自分なりに家事をこなしていた。だが家計にしろ、家事にしろ、妻が主に担っていた。そうした妻の頑張りに対し、申し訳ないと思いつつも、根本的に不平等さを解消しようという努力は、忙しさにかまけて、していなかった。それでも家族関係は悪くないと思っていた。娘とはいつも心を通わせていたし、妻との関係も良好だと信じ切っていた。そもそも妻が僕の読者だったことがきっかけで二人は結婚に至ったのだ。作品作りを優先させる生活態度を理解してくれていると信じていた。

ところがだ。どうしてもしなくてはならない取材のため、2週間ほど家を空けて帰ってきた昨年（2013年）11月の下旬、夫婦関係は突如、危機的状況に陥った。家事や家計の負担の不公平や生活空間を圧迫する蔵書についての不満を妻から切り出された。

「お弁当はときどき作ってくれるけど、子どもを寝かし付けるのは私にまかせっ放し。朝は起きてこないし。家計にしても私まかせ。「払えない」で済ませて、自分の家計負担を勝手に制限しないで。収入がないならコンビニでバイトでもすればいいじゃない。夜通しの子どもの看病とか、私の体調が悪いとき、身体をやすめる時間がほしいといっても、「今はだめ」とか言われて、こっちは体も心ももたないよ。それから、たくさんある本、どうにかならないの？　日の光が入らないから、部屋が死んでるじゃない。すぐにでも本を動かしてよ。実家かトランクルームに移動させたらどうなの？　新しい物件を借りるというのは考えないでね。敷金や礼金を払う余裕があるなら、その分を家に入れて」

妻の強い態度に驚き、そして愕然とした。かといってすぐに打開策をとれず、ぐずぐずと手をこまねいているばかりだった。すると2週間がすぎた12月半ば、別れ話を切り出されてしまった。正面から向かい合わずにいるうちに、別居の回避が難しい状態にまで関係が悪化していた。

愛しあって結婚したのだから、別れるなんてとんでもない話だと思っていた。娘だってなついている。関係を修復するためだったら、できるだけのことはするつもりだった。

対策を打つにあたって一番のネックとなったのは、1998年に突然失踪した友人の事件についての取材・執筆だった。以前から付き合いのある大手出版社の編集者が事件に興味を持ってくれて、ぜひ本にしたいと乗り気になってくれていた。その編集者に勧められていたのが、彼が所属する大手出版社が主催する公募制ノンフィクション賞への応募だった。受賞すれば本を売りやすくなるというのだ。ところがその賞の締め切りが2月末だというから時間がない。僕が11月になってバタバタと取材に追われ、家族をほったらかして2週間も家を空けたのは、取材に全力投球し、2月末の締め切りまでに作品として完成させるためだったのだ。

僕が取材・執筆に取り組んでいたその事件について、ここで振り返っておく。

失踪した友人の名は辻出紀子。三重県内の出版社で編集者兼記者をしていた。休暇をとってタイの難民キャンプに取材に行き帰国したのが1998年11月23日。翌24日、出社し残業をこなしてから退社したのが午後11時すぎ。車で数分離れたところにある駐車場で知人Xと会ったあと、行方がわからなくなってしまった。その知人Xによる犯行説、北朝鮮拉致説、県内の売春島での監禁説、難民キャンプ逃避行説などが浮かぶも、真相は闇の中である。

辻出さん失踪の真相を知るべく、2013年の夏以降、僕は本腰を入れて取材してまわっていた。年明けまでに取材を終えたあと、約300枚の原稿として提出するつもりだった。編集者との約束で、原稿を仕上げるタイムリミットは今年（2014年）の2月末。時間がなさすぎたが、行方不明になってしまった彼女の無念を晴らすためにも、これだけは何が何でも仕上げなくてはならなかった。

悲惨な事件についての取材・執筆に全力投入しながら、妻との関係が壊れるのを防ぐというのは、至難の業だった。だが、これはやり遂げるしかなかった。バイトをして家にお金を入れたり、蔵書をすべて動かしたりするのは、どちらもかなりの手間がかかってしまう。そんなことをすれば時間切れとなり、作品が完成しない。そのかわり率先して家事に取り組むことにした。妻が家にいない間や寝ているタイミングにこっそりと家事をこなすと、妻の負担を劇的に減らすことができた。これまでの家事負担率はだいたい3対7だった。そこから6対4または7対3へと割合を逆転させることができたと感じた。あくまで僕の主観だが。

作品執筆の追い込みに入っていた2月半ば、家庭は平和な状態に戻っていた、と思われた。妻の表情は明るくなり、僕への感謝の言葉も言ってくれるようになった。2月以降も娘を同じ保育園に通わせるために必要な納税証明書を月初めに求められたこともあり、別居回避の手応えを感じ始めていた。

しかし現実はそんなに甘くはなかった。僕の見通しは妻の一言によって覆された。

「娘の転園書類の記入をお願いします」

この家を離れて暮らすという妻の覚悟を前に、もはや縒りを戻すことは難しい、と僕は悟った。

ここにきて蔵書問題は別居後の居住問題へと一転することになった。

新しい物件を求めて

「失踪事件の原稿を2月末に提出したら、定職に就いたり、本を移動させたりするから待って欲しい」

1月半ばから妻にはそう伝えていた。口だけではなく実際に、考えたり動いたりしていた。仕事については求人情報をいろいろと見ていたし、本を移動するための物件も探していた。

蔵書を移動する方法として、自分の実家に送ったり、トランクルームを利用したりするようなことは考えていなかった。大阪の実家に置けば、本がすぐに使えず、半分死んだような状態になる。トランクルームは3畳で4万円程度するため、下手をすればアパートの家賃よりも高いし、書斎としての機能も期待できないからだ。

物件を探し始めた1月半ばの時点では、引き続き同居する可能性がかろうじて残されていた。別居なんて考えたくなかったが、そうなっても対応できるよう、自宅からそう遠くない部屋を探した。

自宅に置いてある本とアパートに置いてある本の合計約2000冊をなるべく収納できる、広さと床の強度を持つ部屋。家に月10万円を入れても何とか払い続けるため家賃は5万円以下、家から徒歩15分以内。これらの条件をできるだけクリアできる物件を探した。

この地域は売れない芸人や売れない作家が多いエリアだけあって、一人用の物件は多いし、都区内の割に家賃は比較的安かった。それでも検索でヒットするのは風呂なしの木造アパートばかり。鉄筋コンクリートの部屋は数えるほどしかなかった。

以前いたシェアハウスが残っていれば話は早かった。しかし、そこに戻ることはできなかった。というのも最後に残った友人のMは、シェアハウスとして使っていた一軒家をすでに引き払っていたのだ。

2週間ほど物件を探し続け、1月末ごろになってようやく「これだ」という穴場的な物件を見つけることができた。家賃4・1～4・3万円、6畳＋4畳半でトイレとキッチン付き、風呂なし、しかも鉄筋コンクリート造り。外観からしてかなり古そうだったが、だからこそ出てきた掘り出し物なのだろう。住んでいる家からは徒歩15分と許容範囲ギリギリ。しかしこれ以上、良い条件の物件はおそらく出てこないと直感的に思った。

というわけでさっそく内覧させてもらった。高円寺駅から北に徒歩7~8分のところにあるその物件は、思ったとおり古かった。推定で築40年といったところだろうか。フローリングの床の塗装はところどころ薄くなっている。手前の4畳半にはキッチンがついていたが、シンク下を開けると水垢のせいなのか、腐ったような臭いがした。ベランダと部屋を仕切っているサッシに嵌め込まれた針金入り強化ガラスはひびだらけ。しかもサッシ自体立て付けが悪く、開閉が困難な状態だった。

そうした経年劣化はあったが、鉄筋コンクリートの床はこれらの短所をすべて払拭する安心感があった。天井がフラットだから突っ張り本棚も置けるというのも気に入った。手付け金を払い、さっそく仮契約を結んだ。

机の上のベッド

2月半ばに別居が決定的となった。

それを受け、新物件に拠点を統合して住むことを決めた。家計の10万円と書斎の家賃両方を払い続けることが僕の収入では不可能だし、それどころか月10万円を払って2DKのみを維持するのすらキツかったのだ。

キッチンのない奥の6畳間に大型本棚を置き、そこで仕事をすることは物件を内覧したときにすんなり想像できた。問題は寝る場所だ。ダブルベッドは大きすぎて持って行けないので、布団かシングルベッドで寝るしかない。キッチンに布団を敷くのは冷蔵庫の音もあって落ち着かない。かといって奥の部屋だと本棚と机に挟まれて寝ることになり、これまた落ち着かない。

解決策として思いついたのが、机の上にベッドを置くという方法だった。二段ベッドの上段を寝床にし、下段は机という風にすれば、部屋を広く使えるし圧迫感なく寝られるだろう。ネットのショッピングサイトではそうしたベッドのことを、「ロフトベッド」と呼んで売っていることがわかった。ロフトベッドにあわせて、天板の幅が180センチ、奥行が74センチもあるワイドデスクを新調することにし、床抜けアパートを引き払うすこし前の日取りで新居に届くように注文した。届き次第、組み立てておくのだ。

蔵書をどのぐらい持っていくのかも問題となった。それについては、今までに取材させてもらった方たちのケースを振り返りながら、解決法を考えてみた。

松原隆一郎さんは書庫を造る以前、9畳半の木造和室（6畳の畳部屋と3畳半のキッチン）を書庫とし、そこに合計17本の本棚を置いていた。実際に床が抜けた体験を話してくれた軍事評論家の小山優（仮名）さんは2DK（合計18畳）の壁に作りつけの本棚を設置し、5000～6000冊を収蔵していた。

新居の居住空間は合計で10・5畳。小山さんのところよりは狭いが、松原さんのところよりは広い。とすると壁をすべて本棚にすれば置けなくもない。だがその場合、かなり圧迫感がありそうだ。松原さんはそうした理由から9畳間分の書庫での作業は断念したというのだ。小山さんにしても床が抜けるぐらい置いていたというのだから、居心地は似たり寄ったりだったはずだ。

武田徹さんや大野更紗さんは蔵書の電子化をかなり進めていた。武田さんの場合は新しいことへの挑戦という意味合いがあり、大量の本を電子化した。しかし彼は、物体としての本の存在感が消えてしまったことを、後でずいぶん悔いていた。

大野さんのやり方は武田さんと対照的だった。サバイバルするために電子化していたのだ。というのも、難病当事者である彼女にとって、かかりつけの病院がそばにあるということは生きていくための絶対条件だったからだ。都心にあるその病院の近くに物件を借りて住むには、あまり広い居住空間は望めない。しかし本は読みたい。本は場所をとるし、重い。そうした条件をすべてクリアするために、残す紙の本を最小限にとどめ、あとはすべて電子化するという方法を大野さんは採用していた。

話を僕のケースに戻そう。

新居には寝泊まりするための空間のほかに、冷蔵庫や衣服、食器といった生活必需品を置く場所を作らなくてはならない。本を置くにしても閉塞感に苛まれないよう、居住性を重視した余裕あるレイアウトにしなくては、長く住めない。とすると、仕事をする気にすらならない松原さんの旧書庫や、床が抜けた軍事評論家の部屋は参考にならない。ましてて草森紳一みたいに本の中で息をしているかのような、いっさい居住性を考えない方法は難しい。かといって内澤旬子さんのようにどさっと捨てる勇気もない。

いろいろ考えたのち、採用したのは大野さんと武田さんの方法だった。最小限の本を持ち、あとは電子化という大野さんの管理法、一気に大量の本を電子化した武田さんの手法をミックスして、解決に当たることにした。

荷物を入れる前の風呂なしマンション。ロフトベッドをとりあえず入れた

人生のアーカイブ

3月末からの一人暮らしに向けて、まず手をつけたのは、アパートに置いてあった本棚と机の処分だった。本の大半を電子化してしまうのだから、本棚は必要なくなるし、そもそも置く場所がない。

部屋の真正面には机が二つ並べてあった。段差があり、使い勝手は大変悪かった。ロフトベッドにあわせて机を新調したのはそうした理由からだった。

収納してあった本はトータルで８００冊ぐらいだろうか。以下、本棚の特徴とともに蔵書の特徴を記してみよう。机の右側には幅と高さが90センチの棚を二つ並べて置いていた。その中には30代前半のころまでに買った、資料としては使用済みの単行本や、駆け出しのころ仕事をさせてもらった掲載誌（サブカル雑誌『ＧＯＮ！』や『地球の歩き方インド編』など）を置いていた。また、本棚の上にＡ４判以上の図鑑や箱入りの図鑑を並べていた。

机の左側真横には高さ90×幅45センチの本棚を二つ並べ、その上に幅90×高さ55センチの本棚を載せていた。シェアハウスではこれらを日曜大工で連結して使っており、移動させた後も用途は変えず、文庫本を置いていた。

机から向かって左背後には高さ1メートル四方、前部がスライド書棚になっている茶色い本棚を置いていた。もともと自宅に置いてあったが、突っ張り本棚と図書館本棚と交換する形でアパートに持ってきたのだ。本棚のスライド部分を設置すると、奥の棚に安心して置けるのはせいぜい文庫本がいいところで、単行本を置くと引っかかってスライドできなくなる。それが嫌で外して本棚の上に置いていた。そのコーナーには国境関連の本や最近読んだばかりの本（主に新書）や確定申告の書類、使いつぶしたノートの類いが無造作に突っ込んであった。

このうち、廃棄することにしたのは、奥行のある本棚3本とメインの机だった。

2本の90センチ四方の本棚にしてもスライド式の本棚にしても、奥行が30センチ前後あった。前者の棚はあまり本棚向きではなかった。本を置くと一冊分奥行が余るし、かといってそこに本を置くと背後の本が見えなくなるのだ。スライド書棚はその心配がないように設計されてはいたが、前後ともに判型の小さな本しか置けずに不便だった。どちらも使い勝手が悪かったし、奥行がありすぎて邪魔にも感じていた。一方、机は新しく購入した一枚板の180センチのものを使うのだからもはや必要がなかった。

2月末に粗大ゴミ回収券を購入し、金曜だった3月7日の夕方、アパートへ行き、粗大ゴミの搬出をした。机は天板と側板をバラバラにして一階まで降ろし、建物を覆っているブロック塀に立てかけた。本棚におさまっている本をすべて出した後、要らなくなった本棚を、粗大ゴミとして外に運び出し、見える位置に回収券を貼っておいた。翌朝、業者に回収してもらえるようにするためだ。

部屋に戻ると、2000年から3年かけて日本中やその周辺地域をまわったときに使った原付バイクの備品や、砂埃のついたままのキャンプ用品といった金属ゴミをビニールにまとめ、回収日にあわせてゴミ置き場に置いてから、自宅に戻った。

数日後、アパートに行くと、粗大ゴミや金属ゴミがすべて回収されているのが確認できた。次に手をつけたのは膨大にたまった書類やフィルムだった。これについては捨てるかどうか、かなり悩んだ。

今までは極力何でも取っておく主義でやってきた。本を制作する過程で使った赤字だらけのゲラの束、取材旅行中に手に入れた各地の観光用資料や切符。使用済みのネガやポジフィルム、そしてプリント……。曲がりなりにも20年近くライター稼業をしてきたので、あらゆるものがたまりにたまっていた。衣装ケースや引き出しに詰め込んだ状態で、そうしたゴミとも宝ともつかない、僕の人生のアーカイブが押し入れの中に圧縮されていた。

そうした普段使わないものがいつかアイディアの源泉になるはずだと信じていたし、実際に記事を書く上で参考になったりもしたが、10年以上使わないと、さすがに単なるゴミとしか思えなくなってきた。

若いつもりでいた僕も44歳になった（2014年）。本はまだまだ使いこなす気満々だが、それ以外のアーカイブは今後、しっかりと整理しなければおそらく使いこなせない。それに紙で書いたものやテキストの日記、ネガやポジの使用済みフィルムやデジタル写真といったアーカイブは、「基本的に残す」という方向でいくにしても、丸ごとすべて取っておく必要はない。

ゲラも同様の方法で取捨選択した。編集者からコテンパンに赤字を入れられたものは残すことにした。どうやって本を作っていったのか、どうやってその文章は紡がれたのか、といったメカニズムを理解するための有力な参考資料になるからだ。今後、書くことに行き詰まったとき、このゲラを眺めればヒントを得られるかもしれない。かといって、ほとんど中身は変わらないのに、一束の厚さ1センチ以上のゲラを律儀に保存しておくのは過剰ではないか。こうしたものは捨てることにした。

紙の束としてまとめられる物については、月曜日の紙ゴミの日にあわせて、紐で縛ってゴミに出した。掲載紙などは必要なところだけ切り取って、片っ端から捨てた。すると紙ゴミは6束になった。紙ゴミを出した後は、火曜日の朝に出す「燃えるゴミ」をまとめた。これは合計で13袋にもなった。その日は、午後から新居の風呂なしマンションへ行って、ロフトベッドと机が届くのを待ち、組み立てた。

この日から妻は娘を連れて、親族を訪ねに1週間ほど出かけてしまった。一緒に過ごす残り少ない時間がさらにごっそりと減ってしまった衝撃は大きかった。しかし一方で、その時間を使ってアパートと家にある本をすべて移動したり、電子化の手はずを整えるのに集中することができた。

ゴミ出しを終えた後、いよいよ本の選り分け作業に入った。

本は基本的に、残すか電子化するかの二者択一で処理した。約800冊のうち、自炊代行業者に送ることにしたのは574冊だった。ある程度の分の料金をＰａｙＰａｌ

〈Eメールとネットを利用した決済サービス〉で支払った。「5営業日コース」は1冊150円、「のんびりコース」は100円で、どちらも本のタイトルをファイル名に入れてくれるし、OCR化もしてくれる。注文し手に入れていた80サイズ〈内寸法は、幅34×奥行25×高さ18センチ〉の段ボールを30箱分、自転車に載せてアパートへ。そして本の数をカウントし、注文書を書きながら箱詰めしていった。

とりあえず10箱分、「5営業日コース」のものばかり詰めると233冊になった。やたら場所を取っていた、近代史をテーマにした19巻本の図鑑は思い切ってすべて電子化に回した。おそらくiPadでは読めないが、引っ越しで持っていくのは手間も場所もかかりすぎる。それに棚に並べきれずダンボール箱の中などで死蔵されるよりはましだろう。そんなわけで悩んだ末に電子化するほうが得策だと結論を出した。OCR化されるから検索が楽になるという特典もあるのだし。同じような理由で沖縄の4巻本の大百科事典もばっさりと電子化することにした。これに関しては、濡れてしまったのか、ページがところどころ波打っていて、状態がかなり悪かったので、紙のまま持っていたくないという理由もあった。

ほかに残すことにしたのは雑誌類である。ホチキスで留められたタイプは業者が受け付けないのだ。それに雑誌は書籍に比べると稀少性が高い。あとで探そうと思っても、雑誌専門の図書館である大宅文庫に足を伸ばすか、立川にある都立多摩図書館、または国立国会図書館といった特殊な図書館に行かないと閲覧できず、面倒くさい。あと著者のサインが入った本も残すことにした。

さよならアパート

残す本を選ぶ作業は引っ越しの当日である12日朝になっても、終わる気配がなかった。15日まで部屋を押さえていることもあって、本の選定作業は後回しにした。10箱分を箱詰めし、本を壁ぎわに置いた状態で、引っ越し業者が家に来ることになった。頼んだのは2年前にこのアパートに越してきたときに頼んだのと同じ「便利屋お助け本舗」だった。今回は、木造のアパートから風呂なしマンションへの荷物の移動を担当してもらうのである。

午前11時に中野駅で待ち合わせをした。担当してくれたのは前回と同様、この便利屋の社長だった。一緒に本の運び出しをしてくれた彼にこそ、「床抜け」問題の終わりを見てもらいたかったのだ。僕が出向いたときには、運搬用のバンで待ち合わせ場所ですでに社長が待っていた。加えて、この連載の編集担当である仲俣暁生さん、この連載の書籍化に手を挙げてくれた「本の雑誌社」の編集者も駆けつけてくれていた。一人はウェブ連載「炎の営業日誌」でおなじみの杉江由次さんだった。杉江さん一人だと思ったら彼はもう一人連れてきていた。今後、書籍化するための作業に関わってくれる宮里潤さんという編集者だった。聞くところによると彼は、草森紳一の蔵書整理にも関わったというではないか。なんと奇遇な縁だろう。

中野駅から車で5分ほどのところにある「床抜け」アパートまで、僕が原付バイクで先導した。到着すると、肉体派タレントの坂本一生さんがテレビクルー数人を引き連れて待っていた。というのも彼はこの「便利屋お助け本舗」のイメージキャラクターだそうで、このアパートからの引っ越しを関西ローカルの深夜番組で紹介するというのだ。まだ3月だというのに、坂本さんは店のロゴが入った白のタンクトップ姿で、鍛え上げられた太い二の腕をあらわにしていた。

便利屋の社長や坂本一生さんをつれてアパートのさびた外階段を上った。靴を脱ぎ、鍵を開け、引き戸をスライドさせると、さきほどまで荷作りをしていた4畳半の自室があらわれた。部屋の中には、僕の荷物が運び出せる状態で置いてあった。それを列挙すると次の通りである。

引き出しのないサブの机、椅子、三つのミニ本棚、デスクトップPCとその周辺機器、押し入れに保管していた過去の資料が入った衣装ケース、残すと決めた雑誌・書籍約200冊。

このうち残すと決めた雑誌・書籍に関しては、空いていた衣装ケース数個に詰め込んだ。資料を入れていたのだが、それらを整理したために空になったものだ。

荷物の積み出しは前回に比べるとずいぶん楽だった。というのも僕は二階の共同玄関までの2メートルほどの距離を、ひたすら往復すればいいだけだったからだ。その分、社長と坂本一生さんが汗をかいてくれた。二人はアパートの外階段を何度も上り下りしてくれた。坂本一生さんの作業の様子からは、こう言っては失礼かもしれないが、テレビタレントとしてのプロ根性を感じた。女性の太ももほどもある二の腕の筋肉をむき出しにして、「ぬお」とか「うわっ」とか言ってさして重くもない衣装ケースを肩に持ち上げるという、いかにもテレビ映りを考えながら、大げさな態度で運んでいたからだ。ものの30分ほどで運び終わったのだが、入れ方が良くなかったのか、意外なことに荷物がバンに一度で入りきらず、二往復する羽目に陥った。しかし、2年前のようにバンが走れるかどうかという心配はしなかった。というのも前回に比べ、荷物がずいぶん軽かったからだ。

中野駅北側にあるアパートから隣の高円寺駅北側にある風呂なしマンションまで、原付バイクで先導すると到着まで10分かかった。バンをマンション前に停めるように指示し、社長や坂本さんたちが降りてくるのを確認すると、僕は三階の新居へ案内した。築40年以上の古びたマンションなのでエレベーターはなく、荷物の運び込みは一つ一つ階段を上ってやってもらうしかなく、二人には恐縮しきりであった。

快晴のもと、社長と坂本さんは汗をしたたらせ、呼吸を荒くしながら一階から三階の間の階段を何度も往復した。坂本さんはここでも「ぬおっ」とか「うわっ」という大声を出しながら荷物を運び上げていた。特にテレビカメラの前ではハッスルし、大きな衣装ケースをまたも肩に乗せたりして、頑張っている様子を撮らせていた。一方、僕は部屋の中で荷物を受け取るだけで良かった。というのも、運び出し同様、社長と坂本さんが二人で運んでくれたからだ。

ロフトベッドとその下のワイドデスクは通販で入手し、宅配業者に運んでもらっていた。その二つ以外何もなかった部屋がアパートから持ってきた荷物で少しずつ埋まっていく。しかしそれでも部屋の床が荷物で埋まる気配はまったくなかった。それもそのはずだ。この時点で、まだ妻子と住んでいた家に、僕の荷物が荷作りされていない状態で置いてあったのだ。

その日の引っ越しは午後2時半ごろに終わった。社長はしみじみと、そして感慨深そうに言った。「これですっきりしますね」と。

「床抜け」危機が去ったという意味なのか、それとも本がさらに減ったと誤解してそう言ったのか。どちらの意味かわからなかったが、励まされているような気がして、なんとなく嬉しかった。

「今回も運んでいただいて、ありがとうございました」

「こちらこそ。何かあったらまた連絡をお願いします。大変なときかもしれないけど頑張って下さい」

社長はそう言ってバンに乗って去って行った。

みなさんが帰った後、一人でアパートに戻った。さきに箱詰めが終わった10箱分を夕方、集荷に来た郵便局員に持っていってもらった。80サイズが10箱で7200円。図鑑などの大型書籍が主に入っていたため、トータルで233冊、そのうち500ページ超の本が26冊、1000ページ超の本が1冊あった。2日後の3月14日にはもう一度集荷に来てもらい、また同サイズの箱を10箱持っていってもらった。こちらは納期が3ヶ月以上の「のんびりコース」。トータルで341冊、そのうち500ページ超は12冊、送料は同じ7200円だった。

そうやって部屋の中を完全に空にして、15日に「床抜け」アパートを完全に引き払った。

押し入れのコンパネは新居とはサイズが合わないので残していった。この2年間使ってみたわけだが、収納性に問題があり、全然役に立たなかった。そもそもこの部屋を借りずにシェアハウスにいたままだったら、床が抜けるのではないかという恐怖に怯えることはなかった。それに妻との関係も悪くならなかったのかもしれない。家に本が増えることはなく、本棚を持っていくようなことはなかったのだから。

問題の元凶となった部屋がすっきりと片付いたことで、僕は安堵した。だけど一方で、「床抜け」問題という一大事の原因となった部屋だからこそ思い出深く感じ、この部屋を出るのが名残惜しくなった。ふと寂しい気持ちになり、何度も部屋の中を見回してしまった。

別離

妻子が親族訪問から帰ってくる前に、家にある本を2日がかりで徹底的に仕分けた。こちらのほうはまだ読んでいないもの、人から譲り受けた段ボール1箱分の歴史図鑑、永久保存したい名著など、捨てずに残したいと思う本が多かった。とはいえ全部残そうとするときりがない。まだ読んでいないがすぐには読まない本はとりあえず「5営業日コース」で、それ以外のものは「のんびりコース」での電子化に踏みきった。前者は187冊で6箱、後者が369冊（500ページ超の本は35冊）で11箱の、計17箱（すべて80サイズ）、送料だけで1万2240円かかった。

業者に送った本の数は計3回で1130冊にのぼった。そのうち500ページを超える本は73冊。電子化にかかった料金は概算で14万6380円となった。PayPalでの支払いなので現金決済のようにすぐには腹は痛まなかった。それでも古本屋に売っていれば、逆にお金がもらえるという事実にふと思い至り、もったいないことをしているような気に少しはなった。

親族訪問から妻子が戻ってきて6日後である23日の朝、月初めに宣言していた引っ越し日より1週間も早く、妻は娘を連れて家を出ていった。引っ越し屋が手際よく荷物を搬出し、1時間もかからずにすべての段ボールは搬出された。スチールラックやダブルベッド、ダイニングテーブルと大きなものはすべて残して……。

二人が出て行った後、言いようのない喪失感に襲われた。脳の一部をごっそり手術で除去されたらこんな気持ちになるのだろうか。映画『カッコーの巣の上で』でロボトミー手術を受けたあと、ベッドに横たわるジャック・ニコルソンのうつろな表情がふと脳裏に浮かんだ。

「もしもし、西牟田です。今、妻と子が出て行ったんだよ」

いてもたってもいられなくなった僕は元シェアメイトのMに電話をして、すぐに来てもらった。彼は気を利かせて缶ビールとつまみを買ってきた。雑談をかわしたり映画を見たりビールをくみかわしたりしながらつかの間のひとときをともにすごした。その間は気が紛れ、妻子が出て行った寂しさを感じずにいられた。ところが、数時間後に彼が帰ると途端に寂しさが募り、呆然とした。こうなったのは妻の気持ちを顧みず、本をためまくった自分勝手さのせいだ。僕は自分を責め、家に残っていた酒を手当たり次第に、昼も夜も飲んですごした。

思い出に別れを告げる

翌月曜の朝は紙の束をまとめた。妻はかなりたくさん物を置いていったので整理・処分は大変だった。新聞やいらない彼女の本は片っ端から捨てることにした。紐でまとめると六つほどになった。それが終わると、妻が庭に置いていった燃えるゴミの袋が気になり、数えてみた。すると45リットルのものが25袋もあった。半透明のゴミ袋の中には、歯形がついた『じゃあじゃあびりびり』という乳児用の絵本、「これいらない」と言って娘がほとんど使わなかった音の出る絵本、最近は「絵が気持ち悪い」と言っていた『いちにちのりもの』という絵本などが捨てられていた。とりあえずそれら数冊を袋から出して、家の中に置いてから、ゴミ捨て場まで六往復した。

紙の束をまとめているビニール紐を指に食い込ませながら運んでいると、ついこの間まで家にあった白くてやや小ぶりの本棚のことを不意に思い出した。シェアハウスでは空いたスペースに置いていたが、「床抜け」危機の後は大型本棚を運んだついでに家に持ってきて、子ども用に転用したものだ。二つの大型本棚と同様、我が家ではフルに活用されていた。3人で出かければ駅前の大型書店の絵本コーナーに寄っては絵本を買う、ということがしばしばだった。加えて妻の実家からのお下がりや僕の家から送られてくる幼児雑誌や絵本のために、3段の棚はいっぱいになっていた。娘を寝かし付ける前に絵本を選んでは読み聞かせる。面倒くさく思ったこともあったが、娘がちょこんと膝にのって僕や妻の声に耳を傾けながら、興味津々で絵に見入っているひとときは、子を育てている張り合いと喜びを感じられる瞬間であった。しかし、そうした親子のふれあいはもうできなくなる——。そんなことに思い当たり、しんみりした。

紙の束を出し終わった後、ダイニングの共同の本棚にほとんど置いていかれた本のうち、子ども用の本をピックアップして並べてみた。さきほどゴミ袋からレスキューした本に、育児事典、娘が生まれた日の新聞などが加わった。生まれるまで18時間もかかってしまい、その間妻を励まし続けたときのこと、娘が生まれた瞬間のこと、まだ歩けもしなかった娘が厚紙でできた絵本を嚙んでよだれでべとべとにしていたときのこと、『いちにちのりもの』を大喜びしながら食い入るようにして見てくれたときのこと、熱が出てしまい慌てて妻が事典をめくっていたときのこと、一つ一つの思い出が表紙を見るだけで蘇り、レスキューした本を並べて写真を撮っていたら、不意に涙がこぼれて止まらなくなった。

持っていても場所を取るだけで使い途はないものばかり。だけど一緒に暮らしていた証拠を簡単に捨てることはすぐにはできなかった。しばらく作業を中断しては酒を飲み、またしばらく虚脱した後、引っ越しの準備を進めた。そんな行動パターンを繰り返しながら、最後の数日を過ごした。

引っ越し当日である3月30日の夕方までは、仕事以外の時間を梱包作業や廃棄物の選定などに当てた。箱はすべて120サイズ（幅50×奥行35×高さ35センチ程度）。本をギリギリいっぱいまで詰め込むと、引っ越し業者でも持てないぐらいに重くなってしまう。そこで服を箱の上に詰めて重さを抑え、クッション代わりとした。そうした本と服の入った箱が10箱ぐらいはあったろうか。電子化せずに残した本の数は500～600冊程度であった。

大きすぎて持っていけないダブルベッドや洗濯機は業者に処分してもらった。娘ができるまでは二人で、生まれてからは3人で日々囲んだダイニングテーブルは友人にトラックで来てもらい引き取ってもらった。

娘が生まれる前に二人で出かけた旅行先で買った置物、僕が北方領土からそのときまだ結婚前の妻に送った絵はがきに、新婚旅行で行ったセルビアやアルバニアで妻が書き記した旅のメモ、そして親子3人、一人ずつの食器など。家に置かれた品物一つ一つに思い出がこもっていた。だけど、思い出の品を管理する場所が新居にはない。僕は心を鬼にして、思い出の品の数々をビニール袋に入れていった。

20点近くに上る粗大ゴミの中には子ども用の椅子やベビーカーといったものもあった。それら一つ一つに粗大ゴミ受付済みのシールを貼って、庭に出して置いた。

夕方には引っ越し業者がやってきて、手際よく2トンロングのトラックに段ボール箱を詰めていった。

新しい部屋の本棚

「自分だけの部屋」での再出発

風呂なしマンションにすべての荷物を運び込むと、入り口以外の床という床がすべて荷物で埋まってしまった。奥の部屋の片側の壁沿いにロフトベッドとワイドデスク、その反対側の壁には運び込んだばかりの突っ張り本棚と図書館本棚が場所を占めた。そしてその間には１２０サイズの段ボール36箱がベランダから入り口に向かって積み上がり、その高さは１２０センチにもなっていた。部屋の奥へ行くことがかなり難しく、片付くまでの数日間を部屋の入り口ですごす羽目になった。テーブルと椅子のかわりに、段ボールを使って食事をしたり、ノートパソコンを開いて作業したりといった窮屈な生活を強いられた。とはいえ、一昨年の「床抜け」危機のときのような焦りはまったくなかった。段ボール箱を開封し本棚に本を並べたり、キッチンや押し入れに収納すれば、段ボールの置いてある場所がすべて空くという見当がついていたし、ロフトベッドには眠れる空間がすでに確保されている。それに何より、床が鉄筋コンクリートだということからくる安心感があった。

引っ越し前に作っておいた肉とゴボウの炒めものと食べかけの玄米をレンジで温めたものを、テーブル代わりの段ボールの上に並べて食べながら、ヴァージニア・ウルフが『自分だけの部屋』に書いた一節を僕は思い出していた。

「小説なり詩なりを書こうとするなら、年に五百ポンドの収入とドアに鍵のかかる部屋を持つ必要がある」

この一節にある部屋を、僕は手に入れたような気がしたのだ。確かに物書きとしての収入は心許ない。しかし他人に邪魔されない「自分だけの部屋」を得たという満足感で心が満たされていた。妻子と別れた寂しさと引き替えに得た自由をかみしめながら、部屋の片隅で再出発を誓っていた。

おわりに

別離を経て「自分だけの部屋」に引っ越してからというもの、仕事のための環境をこつこつと整えていった。そのさなかに知らされた賞の落選には心底落胆したが、そのことはそのことと捉えて、早く立ち直るべく、部屋の構築にひらすら精を出した。

部屋の片側にはロフトベッドとワイドデスクを置き、もう片側には本棚を三つ置きそれぞれ天井に突っ張って地震が来ても倒れないようにして、本を寸分なく敷き詰めた。ワイドデスクの上の真ん中にはディスプレイとキーボードを置き、右にはプリンタやスキャン専用機、左には大野更紗さんの机をまねて本棚を置き、そこに自分にとっての大事な本を並べた。電子化せずに残した書籍は「床抜け」アパートの分と自宅にあった分を合わせて700~800冊あったが、ワイドデスク下の本棚にあと50冊以上置ける余裕を残して、すべての本を収納することができた。

残した紙の本を並べてみて思ったのは、あの本がなぜないのだろうという、失ってわかった寂しさであった。大事だと思っても再読しなさそうな本は片っ端から電子化してしまったのだから後の祭りだ。残っているのはサイン本や再読する本、そして自著のストックが中心で、僕の脳内世界を可視化したようなコレクションからはほど遠い。これまでに電子化したものを紙の本として残し並べていれば、そこそこ迫力のある棚になったはずだが、それを可能にするだけのスペースを持つことは、居住空間の狭さから、許されぬことであった。

一方、自炊代行業者に送った約１１３０冊の書籍のうち、スキャンデータとして納品されたのは夏までの時点で５００冊あまり。高くて処理の速いコースは、送って１ヶ月ほどでＰＤＦデータに変換されてネット経由で納品された。安くて遅いコースは半年たった今もまだ大半が納品されていないが、すぐに使うものでもないのでのんびり待ちたいと思う。

一番の問題は判型の大きな本のデータだった。Ａ４サイズの本はｉＰａｄはもちろん、常用している17インチディスプレイでも、見開き表示が難しいのだ。執筆時は参考資料となる本や画面をしばしば参照することになるが、電子書籍を読むために、ディスプレイをいちいち切り替えたくない。できればほかの参考資料のように机に見開きの状態で常に見られるようにしておきたい。そこで入手したのが21・５インチの巨大タブレットだった。ほぼ新品のものを２万６０００円ほどで取り寄せ、読書用アプリ「ｉ文庫」で表示してみた。すると、さすが21・５インチと画面が大きいだけあって、１ページＡ４サイズの図鑑が見開きの状態で読めるようになった。しかもＵＳＢケーブル経由で外付けのハードディスクを繋ぐことができたので、これまでに電子化した書籍をすべて大画面で読むことが可能となった。

　本で床が埋まってしまうという失態を出発点にして、このような長い旅をすることになるとはまさか思いもしなかった。本の存在感は諸刃の剣である。存在感があるからこそ、情報だけに限らない豊かな読書体験が可能なのは僕も否定しない。だが草森紳一や田中真知さんの父親のように、本の存在感ゆえに居住空間を圧迫されてしまう人もいるし、小山優（仮名）さんや井上ひさしのように床を抜いてしまう人、松原隆一郎さんのように地震のせいで書庫が使えなくなってしまう人もいる。

「紙の本は手触りがあって大きさがあって厚みがある。あの話はだいたいあそこだって、空間的に覚えているわけですよ。電子化って、場所がないじゃないですか。場所がないものって、すごく記憶に残りにくい。身体化されていないんです」と田中真知さんは言う。記憶に関する著作がある真知さんだけに、彼のこの言葉は実に説得力がある。

　紙の本を持ち、重さを受け止める。開いた左右のページを読み終わると、紙をめくって、次のページを読む。意識せずに紙のにおいを嗅いだり、紙の感触を感じたりする。開いている本が左から右へと重さが移動していき、読み終わったら本を閉じる。気になるところに付箋を貼ったり、ペンで線を引っ張ったり、書き込みをしたりする。そのような行為によって本の内容の理解を助けたり、記憶として脳に定着しやすくするのだ。

一方で、電子化された本だと、デバイスが同じなら手触りや重みはどれも同じ。真知さんの言うとおり、電子化された本に場所や固有の存在感はない。だからこそ読んでも記憶に残りにくいという。iPadや巨大タブレットに読書用アプリを入れることで読みやすさはかなり改良されたが、それでも紙の本に及ばない。

大量の本を電子化することで、スペース的にはすっきりしたし、床抜けや地震による被害から免れたということでほっとしたのは確かだ。その一方で、読むという行為の手応え、つまり理解したり記憶したり、という効果が半減したことは否めない。本来であれば、すべて紙の本で持ち、それらを本棚に並べておきたかった。しかし、スペース的な現状からすると、今の方法が考え得る中で最善の策である。床が抜ける危機に怯えることもないのだ。今いる環境を直視して、「自分だけの部屋」で再起を図るべく一歩一歩踏み出していこうと思う。

この本は様々な方々の協力を経て完成した。まず最初に掲載の機会を与え、その後も連載させてくれた仲俣暁生さん、「床抜け」事件を取材した上で「危ないですよ」とまっとうなアドバイスをくれた鎌田剛記者には特に感謝を伝えたい。この二人がいなければ、「床抜け」の旅は始まらなかった。

名前だけの列挙で恐縮だが次に挙げるたくさんの方々にもお世話になった。加藤健二郎さん、松原隆一郎さん、古寺義孝さん、坂本一生さんと便利屋お助け本舗の方々、内澤旬子さん、西舘好子さん、遅筆堂文庫の方々、黒沢哲哉さんと補修工事をした大工の藤沢さん、首藤知哉さん、塚田眞周博さん、森元修一さん、宮崎元さん、田中真知さん、東海晴美さん、向井透史さん、中野純・大井夏代さん夫妻、国立国会図書館、内記ゆうこさんと現代マンガ図書館のみなさん、米沢嘉博記念図書館の方々、園田繁夫さん、武田徹さん、大野更紗さん、木幡裕人さんほか草森紳一書庫整理ボランティアの方々、帯広大谷短期大学教授の田中厚一さん、草森英二さん、堀部安嗣さんである。ほかにも様々な方からのご意見、ご協力をいただいた。この本の書籍化に手をあげてくれた本の雑誌社の杉江由次さんと書籍編集担当の宮里潤さんにも感謝します。最後に、7年近くにわたりパートナーとして生活を共にしてくれたかつての妻や、僕に生きる喜びを与え続けてくれる娘には特別の感謝の気持ちを伝えたい。

文庫版に寄せて

妻子と別れ、一人暮らしを始めてから約4年の月日が流れた。再出発を誓った高円寺の風呂なしマンションにはもはや住んでいない。住み始めて1年もしないうちに建て替えを言い渡されてしまったからだ。建て替えはしないということを契約してから入居したのに、不動産屋は、手のひらをころっと返し、僕に立ち退きを要求してきた。

2015年3月5日に単行本を出版した後ぐらいから、引っ越し先を探し始めた。1000冊ほどの書籍を収納できる本棚が並べられる広さがあり、鉄筋コンクリートで5万円以下という物件を近くに探したのだ。ところがなかなか見つからない。そこで条件を「一階ならば、木造可」と広げて探すことにした。

数ヶ月かかって、隣の阿佐ヶ谷駅近くに9畳の1K風呂つきで5・6万円という物件を見つけた。その物件に入居することを決め、6月に引っ越しを実施した。

ここ4年間で新たに手に入れた本棚は、幅60×奥行19×高さ180センチの白い本棚一本ぐらい。その本棚を突っ張り棒で補強して本で埋めたり、机の上に置いていた本棚とロフトベッドのすき間というすき間に本を埋めたりして、部屋に本を収納している。

本は古書店に売り払うことは一冊もしていない。古紙回収の日にゴミとして出した記憶もない。家にある紙の本は確実に増えているが、床が抜けることはもちろん、床が沈む気配すら今のところない。平積みにした本の束が床を埋め、足を踏み入れるすき間すらないという事態にも陥りそうにない。

その理由は二つある。

ひとつは、一人暮らしを始める前に行った1130冊にも及ぶ、紙の本の電子化によってスペースがけっこう空いたからだ。すべての本のデータが納品されるまでに1年半以上の歳月を要したという点については、やきもきしたし、一時は納品を諦めかけたほどだ。だが結果的には依頼して良かったと思っている。「床抜け」危機の回避や空間の節約という意味で大変助かった。OCRをかけているので文字検索ができるという棚ぼた効果もあった。

理由のもうひとつは、Kindleで読むのを前提として、最初から電子版を買うことが多くなったからだ。例えば2017年にノーベル文学賞を受賞したカズオ・イシグロ氏の本がそうだ。彼が受賞した後、僕は慌ててすべて電子版で買いそろえた。

この調子なら、木造だけど、たぶん大丈夫。抜けても一階だから、下の階の住人に迷惑をかけることもない――などと自己暗示をかけて、だましだまし、本とともに暮らしている。それでも内心はドキドキものである。今のところ大丈夫だからといって安心感が深まることはない。それどころか、次のようなニュース記事を読むと、2012年の「床抜け」危機のトラウマが脳裏に甦って、たちまち戦慄してしまうのだ。

2017年夏、鉄筋コンクリートの建物の床が危機に瀕するというニュースが流れた。蔵書の重みによって、静岡県立中央図書館の床にひびが入り、3、4ヶ月閉館して大規模に補修することになったという。図書館の公式ページによると、ひびが入ったのは資料棟2階閲覧室の床と1階の天井部分。検査の結果、ひびは数十箇所に認められ、最大で約3メートル、幅は約1・4ミリ程度、部屋の中心から対角線に向かって直交し、増大し続けていたという。蔵書の数は20万冊（560キロ）で設計時の荷重の限界値（300キロ）の倍近くの重さが床にかかっていたというのだ。

本を電子化しすぎたことに後悔がないわけでもない。電子版の本（紙の本を裁断したPDF及びKindle版）は物体として存在していない。そのため読んだという実感は薄いし、どうも記憶に定着しにくいという気がしてならないからだ。もったいないことをしたという考えが頭をもたげることがときどきある。

紙から電子化した本はパソコンの画面やタブレットの類で読むことはあるが、Kin

ｄｌｅ同様、ページめくりができないことや、それぞれに本のデータを移し替えるという作業が面倒なのも問題だ。

最初から電子版として買った本はＫｉｎｄｌｅで読んでいる。電子インクの読みやすさは気に入っているし、Ｋｉｎｄｌｅそのものが本に比べると軽くていい。しかしページめくりができないことに慣れてはいるが何年経っても物足りなさがぬぐえない。

紙の本と電子書籍のもう一つの違いは積ん読効果の大きさだ。電子の場合、物理的に存在しているわけではないので、空間的・心理的なプレッシャーがない。その分草森紳一の言った「本に力をもらっている」という感覚が弱い。電子書籍だとパソコンやＫｉｎｄｌｅ、タブレットなど機械の中でしか本棚を見ることができない。だからなのか。背表紙を見てインスピレーションを得るという効果についても残念ながら薄い。

できることなら紙の本だけで読みたいし、保存もしていきたい。だが「床が抜ける」不安や地震の危険、空間の圧迫という問題は生じる。地価の安い田舎にでも移転すれば問題の解決が可能かもしれないが、それは今の僕にとって現実的ではない。打ち合わせに出たり、インタビューに出たり、ということが頻繁なことを考えると、狭くて家賃の高い都心に住み、それでやりくりしていくしかないと感じている。

僕自身の本の問題はこれぐらいにして、別の話にも触れてみよう。

草森紳一や井上ひさしといった大家の蔵書の行く末を本書ではいくつか紹介したが、こうした例はまれだし、一度、受け入れ先が決まったからといってそれですべてが解決するというものでもない。そのことを感じさせたのが、1987年に文化勲章を受章したことのあるフランス文学者の桑原武夫（1904〜88）の蔵書が無断で廃棄されたことを知らせる2017年4月のニュースだった。

桑原の蔵書約1万冊は彼の死後、遺族から京都市へと寄贈された。当初、京都市は市の国際交流会館に「桑原武夫記念室」をもうけて保管していたが、施設の改修を理由に倉庫に保管されるようになる。その後、保管場所の確保が困難となったため、京都市は遺族の許可を得ずに2015年に廃棄してしまった。

近年は都道府県や市町村が財政難によって図書館の運営に四苦八苦していたり、学術的な価値があっても閲覧請求がまったくされない本は処分せよという風に方針が様変わりしたりしている。加えて団塊の世代より上の教養を身につけた蔵書家たちが相次いで物故することで、遺された知識人たちの蔵書がダブつくようになった。

こうしたことから、公共施設が桑原氏のような碩学（せきがく）が所有していた大量の蔵書を受け入れて管理していくことがもはや難しくなっている。長年かかって揃えた系統だった蔵書家たちの蔵書は、その後の世代へ受け継ぐべき財産だ。だが、戦後の知識人を多く育てた桑原氏のような人物の蔵書ですら、廃棄の憂き目に遭う時代となってしまった。

故人の蔵書のダブつきは古本業界に大幅な値崩れという現象を起こしている。新品で買いそろえれば数十万するような全集がタダ同然の値段で投げ売りされていたりすることが当たり前になってきた。実際、堅実な教養書が揃っていたM崎さんの祖父の蔵書約8000冊の買い取り額は5万円に届かなかったことが、そうした傾向を実証している。

知識人の蔵書がまとまった形で寄贈を受け付けてもらえなかったり、古書業者に売ったとしてもかなり安い金額でしか買い取ってもらえなかったりする。こうした風潮は今後強まっていくのではないだろうか。評論家・作家の紀田順一郎氏は『蔵書一代　なぜ蔵書は増え、そして散逸するのか』（2017、松籟社）の冒頭で、約3万冊に及ぶ蔵書を知り合いの古書業者に引き取ってもらうという、切ないシーンを描いている。

紙の本の大幅な値崩れが起こっているからといって、よくいわれる「活字離れ」「本離れ」という言葉で僕は片づけたくはない。本や雑誌、新聞といったものが売れなくなった主な原因をインターネットとする意見をよく目にするが、そもそもネットのページの大半は文字で占められているのだ。活字離れどころか、ネットの登場で人びとはより文字に親しむことになったのではないか。単に、紙から電子へと媒体が変わってきているだけではないだろうか。今はその過渡期なのだろう。書き手として、ウェブを主戦場にどうやって生活を成り立たせていくのかという個人的な悩みは確かにあるが、それは別の問題だ。

２０１０年は電子書籍元年と言われ、紙の本の電子化がもてはやされた。あれから８年がたち、いろんなことが落ち着き始めている感がある。Ｋｉｎｄｌｅやタブレットを使う読書は一般的になった。その一方、紙の本の電子化を代行する是非についてはある程度の決着を見た。というのも、自炊代行業者の行為の違法性について争われた裁判は２０１６年、最高裁で代行業者の敗訴が確定したのだ。業者の存在はグレーから限りなく黒へと変化した。とはいえ、細々と業者は営業を続けている。大量の本を自炊して大変に助かった僕のように、蔵書の電子化を望む人は少なからずいるはずだ。とすると、今後もこうした業者はニーズがある限り、細々とだが営業を続けて行くのだろう。

最後に自分の身辺について話しておこう。妻子が急にいなくなり一人ぼっちになるということは筆舌に尽くしがたい辛い経験だった。一時は憔悴しきって、体重を10キロほど減らしてしまった。このような経験をして、家族の別れというものに興味を持ち、紙やウェブ媒体でそうしたテーマの記事を書くことが多くなり、２０１７年1月には『わが子に会えない　離婚後に漂流する父親たち』（ＰＨＰ研究所）という書籍を発表するまでに至った。

別れた家族とは今も離れて暮らしているが、娘には月に2回ほど会って私なりに愛情を注ぎ、ささやかながら養育費は毎月支払っている。別れた後、娘を一人で育ててくれている元の妻、まっすぐ育ってくれて僕に生きる喜びを与えてくれる娘にはそれぞれ大いに感謝している。

今回、文庫版の編集を担当してくれた中央公論新社の角谷涼子さん、装幀を担当してくださった横須賀拓さん、この本を新しく甦らせてくれて、ありがとうございます。急なお願いにもかかわらず解説の執筆を引き受けてくださった作家・探検家の角幡唯介さんにも感謝しています。そして何より、この本を手にとってくださった皆様、大変感謝しています。ありがとうございました。

２０１８年１月

西牟田靖

参考文献（順不同）

＊原則として、執筆時に参照・引用した版を掲載したが、新版が出ているものについては、新たに書誌データを加えた。

新聞・雑誌・論文

「大阪の薬局で天井落下、8人ケガ　商品過重で老朽、床抜ける」『産経新聞』東京朝刊（1992年12月13日付、社会面）
「重体の女性死亡　尼崎の2階床抜け」『産経新聞』大阪夕刊（2001年1月18日付、社会面）
「エロビデオ、盗撮写真まで〝発掘〟20年の重み、収集癖も底抜け」『夕刊フジ』東京版（2005年2月9日付）
「記者ノート　草森紳一さん　死して本を残す」『読売新聞』東京朝刊（2008年7月30日付）
「音更出身の作家　故草森さんの蔵書帯広大谷短大に寄贈　公民館に3万冊到着」『十勝毎日新聞』（2009年11月11日付夕刊）
「故草森さん愛蔵書〝里帰り〟大谷短大に記念資料室オープン」『十勝毎日新聞』（2010年11月30日付）
『ブルータス』（平凡出版、1980年11月1日号）「気がかりだからJJ氏の本の行方を追ってみよう。」及川哲也
『太陽』（平凡社、1981年11月号）「塔の中の迷宮、もしくは母なる内臓空間」草森紳一

『idea』（誠文堂新光社、2012年8月号）「20世紀エディトリアル・オデッセイ第6回　米澤嘉博の書物迷宮」構成・文：赤田祐一×ばるぼら、写真：島隆志
『ソトコト』（木楽舎、2012年11月号）「[特集] スモール・ミュージアムガイド127」、「きっと、まんがの数だけトキメキがある。」文：Keiko Tamura、写真：GOTO AKI
『文藝春秋』（文藝春秋、2011年10月号）「復興と清貧——土光敏夫の本棚を見る」向井透史
『「帯広大谷短期大学生涯学習センター紀要」第1号』（2012年5月）「草森紳一蔵書の〈奇跡〉——蔵書を受け入れるまで、あるいはこれからの展望と課題——」田中厚一
『すばる』（集英社、1995年9月号）「作家の index のインデックス　草森紳一」撮影：大倉舜二
『ナマズの巣』（小学館、vol6 1997年5月、vol17 1999年8月、vol22 2000年7月）「マンガとともに生きた私の戦後史」内記稔夫

ウェブサイト
『マガジン航』http://www.dotbook.jp/magazine-k/　特に「震災の後に印刷屋が考えたこと」は必読
『明治大学　米沢嘉博記念図書館』http://www.meiji.ac.jp/manga/yonezawa_lib/
『少女まんが館』http://www.nerimadors.or.jp/~jomakan/index.html
『白玉楼中の人　草森紳一記念館』http://members3.jcom.home.ne.jp/kusamori_lib/index.html
『saveMLAK　博物館・美術館、図書館、文書館、公民館の被災・救援情報』http://savemlak.jp/
『ポット出版　ポットの日誌』「地震で出版倉庫はどうなったか」http://www.pot.co.jp/diary/20110315

_204224493922686.html
『石巻百景旧館』「【震災被害】日本製紙の工場と、周辺の被災状況」http://ishinomaki-photo.blogspot.jp/2011/03/blog-post_24.html

書籍

『ぼくはこんな本を読んできた――立花式読書論、読書術、書斎論』（文藝春秋、１９９５年／文春文庫、１９９９年）立花隆
『続 家庭口論』（中公文庫、１９７６年）井上ひさし
『本の運命』（文春文庫、２０００年）井上ひさし
『ふかいことをおもしろく――創作の原点』（ＰＨＰ研究所、２０１１年）井上ひさし
『表裏井上ひさし協奏曲』（牧野出版、２０１１年）西舘好子
『随筆 本が崩れる』（文春新書、２００５年）草森紳一
『センセイの書斎――イラストルポ「本」のある仕事場』（河出文庫、２０１１年）内澤旬子
『身体のいいなり』（朝日新聞出版、２０１０年／朝日文庫、２０１３年）内澤旬子
『飼い喰い――三匹の豚とわたし』（岩波書店、２０１２年）内澤旬子
『捨てる女』（本の雑誌社、２０１３年）内澤旬子
『孤独な鳥はやさしくうたう』（旅行人、２００８年）田中真知
『ひとはどこまで記憶できるのか――すごい記憶の法則』（知りたい！サイエンス）（技術評論社、２０１１年）田中真知
『困ってるひと』（ポプラ社、２０１１年／ポプラ文庫、２０１２年）大野更紗

『シャバはつらいよ』（ポプラ社、２０１４年／ポプラ文庫、２０１６年）大野更紗
『メディアとしてのワープロ――電子化された日本語がもたらしたもの』（ジャストシステム、１９９５年）武田徹
『紙つなげ！　彼らが本の紙を造っている――再生・日本製紙石巻工場』（早川書房、２０１４年／ハヤカワ文庫ＮＦ、２０１７年）佐々涼子
『復興の書店』（小学館文庫、２０１４年）稲泉連
『蔵書の苦しみ』（光文社新書、２０１３年／光文社知恵の森文庫、２０１７年）岡崎武志
『私の本棚』（新潮社、２０１３年／新潮文庫、２０１６年）新潮社編
『本棚が見たい！』（ダイヤモンド社、１９９６年）文：川本武、写真：津藤文生、大橋弘
『本棚』、『本棚２』（アスペクト、２００８年）ヒヨコ舎編
『自分だけの部屋』（みすず書房、１９９９年／新装版、２０１３年）ヴァージニア・ウルフ（著）、川本静子（翻訳）
『メディア論――人間の拡張の諸相』（みすず書房、１９８７年）マーシャル・マクルーハン（著）、栗原裕（翻訳）、河本仲聖（翻訳）
『ネット・バカ――インターネットがわたしたちの脳にしていること』（青土社、２０１０年）ニコラス・Ｇ・カー（著）、篠儀直子（翻訳）
『書庫を建てる　１万冊の本を収める狭小住宅プロジェクト』（新潮社、２０１４年）松原隆一郎、堀部安嗣
『草森紳一が、いた。友人と仕事仲間たちによる回想集』（２０１０年）草森紳一回想集を作る会
『蔵書一代　なぜ蔵書は増え、そして散逸するのか』（松籟社、２０１７年）紀田順一郎

解説　本は人生、捨てられない！

角幡唯介

本で床が抜けるのではないか――。

本好きなら誰もが一度は感じたことのある不安ではないだろうか。私もかつては本による床抜けを危惧していたうちの一人である。

私が床抜けを心配したのは35歳前後、ちょうど西武池袋線沿線にある築50年ぐらいの木造アパートの二階に住んでいた頃のことだ。

当時の私は本にできるかどうかもわからない作品の取材や執筆ばかりに時間を費やしており、収入は事実上ゼロだった。家賃重視で物件を選ばざるをえない状況にあり、このアパートも俗にいうボロアパート。誰かが廊下を歩いただけで床がギシギシときしみ、隣人がセックスでもすれば地震でも来たんじゃないかと狼狽えるほどぐらぐら揺れる建物だった。

このボロアパートに住んでいる間に本の量はみるみる増えた。本書にも書かれているが、ノンフィクション作品を1冊執筆するためには、とにかく資料を集めなくてはならない。本屋で関連がありそうな書籍を見つけては購入し、図書館でコピーし、取材先から借りてくる。困ったもので最近ではアマゾンで海外の洋書も簡単に手に入るので、北極探検史の本を書いたときなどは、1世紀ほど前の探検記の複写版をがんがん取り寄せた。こうした安価なコピー本は紙も厚く、平気で1冊1キロぐらいあり、もともと欲しいものは我慢せず手に入れるタイプなので次から次へとクリックしてしまう。

それに資料だけではなく、執筆とは関係ない読書欲を満たすための趣味本も躊躇せず購入するので、それも増えていく。当時の私は午前中に2時間執筆し、昼飯を食べて本を読み、午後にまた執筆し、夕飯を食べて本を読み、夜にまた執筆して寝る前にまた本を読むという生活を毎日つづけていた。独身だったので、友人知人と会うときをのぞけば本を読む時間なんぞいくらでもあり、1日で1冊近くのペースに達した。そのうち壁際に置いていた本棚やカラーボックスには収納できなくなり、床の上に溢れだし、あれよあれよという間に積みあがっていき、やがて寝る場所を圧迫しはじめた。なにぶん古いアパートだったので、楽観的な性格の私も、さすがにこれ以上増えたら床が抜けるんじゃないかと心配になってきたのである。

本というのは原則的に貯まっていくことに決まっている。そういうメカニズムになっているのだから、これはもう避けようがない。

そもそも本というのは読むペースより買うペースのほうが速い。本は一期一会的な要素が強いので、本屋で面白そうだなと心に引っかかったら、つい買ってしまう傾向がある。今買っておかないと、次に本屋に来たときには別の本に関心が移っており、今この目の前にある本のことなど忘れてしまっているかもしれないし、それに本屋の扱いも平積みから棚差しに変わって目に届きにくくなるかもしれない。本というものは人生を変える爆発力を潜在的に秘めている。もしかしたら、この目の前にある本を読むことで、自分の一生はこれまでとは異なる方向に舵を切るかもしれず、その緊張感が読書の最大の魅力である。もちろんそういう本とは数百冊に1冊の割合でしか出会えないのだが、しかしそれも読まなければ、きっかけすら与えられず目の前の本の魅力を知らずに一生を終えることになってしまう。本読みは、その機会を逸するのが怖いのだ。だから感覚的に、七割方読まないだろうけどまあ三割ぐらいの確率で読むかな、という範囲の本まで買ってしまう。極端なことを言えば、ほとんど読まないことを前提に本を買っているとさえいえる。本というのは買って読まずにいるのは耐えられるけれど、買わずにいるのは耐えられないものなのである。

同時に本というものはなかなか捨てられないものでもある。本は持ち主にとって知的営みの足跡そのものだ。人は本を読むことで知識を蓄え、人格を形成し、精神を向上させ、新しい知見や洞察を得ることができる。こうした新しい洞察が、これまでにない視点を生み出し、読み手の人生に新しい可能性を切り拓くこともある。その意味で読書家にとって本は単なる暇つぶしの道具ではなく、成長の証そのものだといえる。自ら本に働きかけることによって本から反応があり、その本からの反応をうけて自分もまた変化していく。このような知的交流を通じて、本は私という存在の一部と化していく。本棚に差された1冊の本を取り出すと、1頁ごとにその本を読んだ当時の自分が宿っていることに気づくはずだ。そのとき本は単なる無機的な紙の集合体という存在を越えて、私にとって命の通った有機的な物体に変わっている。つまり、本を読み、それを血肉化することで、本は私の一部となるのであり、私の人生そのものと化すのだ。本をなかなか捨てられないのには、そういう理由がある。だからもう二度と読まないことが自明な本でも、本を捨てるときは、まるでわが身を切り裂くような苦しさをおぼえるのである。

本とはこのように自分という存在が乗りうつった、モノを越えたモノといえるだろう。本書はこのような本という存在に取り憑かれた人々の、ある意味哀切な物語の数々を紹介した、一風変わった、でもひどく面白いルポルタージュである。

本書に紹介されているような、先鋭的というのか、蔵書家のなかでもとりわけ最先端な部分にいる人たちは、とにかく自分が貯めこんだ本によって実生活をふりまわされてしまっている。本に実生活がふりまわされるなんて、よく考えたらおかしな話で、その意味で彼らは滑稽であり、思わず、ふははは、と笑えてくるのだが、それでも自炊だの電子化だの書庫を作るだのといった彼らの悲喜こもごもな対策ぶりを読んでいると、どこか笑うだけでは済まされない悲哀というか、真剣味というか、切実さがこもっているのが感じられる。彼らが蔵書対策に尋常ならざるエネルギーを注入しているのは、先ほど書いたように、本が彼ら自身が憑依した人生の一部になってしまっているからである。本が人生そのものになっているため、それを処分するのに自分の過去の足跡を消してしまうこと、すなわちそれまでの人生のけじめをつけることに等しい苦悩が生じてしまうのだ。人生にけじめをつけることなんてそう簡単にできることではない。だから皆、揃いも揃って見苦しいほどあたふたしているのである。

本は人生。その点では、本書の中で再三紹介されている評論家の草森紳一の事例がその典型だろう。何万冊という蔵書に埋もれて遺体が見つかったという草森の死に様は、何やら本に対する異様なまでの愛情と執着が感じられて、その鬼気迫る姿は胸に突き刺さってくるものがある。しかし考えさせられるのは彼の壮絶な死に様より、残された蔵書の処理のされ方のほうだ。何万冊にも及ぶ残された彼の蔵書の行方は、当然のことながら遺族や知人の手に託された。しかし何しろ命を削るように本を収集した男の残した本なので、おいそれと処分するわけにもいかない。パートナーや仲間たちは保存プロジェクトを発足させメンバーを募り、本をそれぞれジャンル分けして、寄贈先を探し、何とか大学や廃校になった小学校など受け入れ先を見つけていく。その様子を読んでいると、彼らが探していたのは蔵書というより草森の遺体そのものの受け入れ先だったのではないかと、そんなふうにさえ思えてくる。肉体という彼の遺骸は燃やされ灰になったのかもしれないが、彼の人生のもう一つの物質形態的発現体ともいえる本のほうは、灰にはなっていないので捨てるわけにはいかない。だから安置場所を見つけなければならない。プロジェクトのメンバーは草森の霊をなだめ、弔い、冥福を祈るため、もう一つの遺体といえる蔵書の受け入れ先を探した。私にはそのように読めた。

「このプロジェクトがうまくいったのは、人と人とのつながりのたまものです。（中略）ひどい五十肩にもなってしまったけれど、おもしろかったんですね、とても。楽しかった。（後略）」

そう語る東海晴美さんの言葉は、まるで立派な葬式を挙げて故人を見事に葬送したかのような清々しさに満ちている。

草森だけではない。本書に登場する本に憑かれた人たちは、どこか自分の死や余生を見据えながら本と付き合っている。乳癌になりそれまで蒐集してきた本を捨て始めた内澤旬子さんや、震災を契機に書庫を新築した松原隆一郎さんは、その一例だろう。持つにしろ捨てるにしろ、本という存在は、その重苦しさゆえに残りの人生を見据えたうえでの大きな決断を人に迫ってくる。死を意識する年齢に差し掛かったとき、人はそれまでひたすら収集してきた本と対峙しなければならず、どのような選択をするにしろ、そこには死を先験的に見つめたうえでの決断が必要となる。最期まで付き合うには人生を天秤にかけなければならないほど重たいもの。本とはかように圧迫的存在なのである。

しかし何より痛切だったのは、著者である西牟田さん本人が最後の最後で蒐集した本によって人生を狂わされてしまったことだろう。夫婦関係が危機的状況に陥ったというときに、彼が妻から言われたという、「たくさんある本、どうにかならないの？」という鉄槌を打ち下ろすかのような一言。これにはまいった。最後に、とどめを刺すかのように不平を浴びせかけているところをみると、彼の元妻は相当以前から本のことを腹に据えかねていたにちがいない。別離にいたった過程にはいろいろ事情があったのだろうが、彼女の言葉を読むかぎり、そこには彼の蔵書、つまり彼の人生の中核的な部分が確実に不満の原因としてあった。逆に言えば、西牟田さんにとって本とは夫婦仲に亀裂を入れても捨てられないものだったともいえる。

娘を寝かしつけるときに読んであげた絵本を処分するシーンは、同じ小さな娘を抱える身としては目頭を熱くせずに読むことはできなかった。不要になった本として思い出の絵本を処分した瞬間、西牟田さんは娘と過ごしたまぎれもなく人生で一番価値のある時間を切り捨てたのだ。その残酷さ。その哀しみ。彼の胸の内を想像すると、読んでいるこっちまで切なくて仕方がなくなってくる。本で床が抜けるのかを検証するためにはじめた取材は、最終的には床どころか、彼の人生の底が抜けてしまって終焉を迎えたのである。何という皮肉だろう。本書は本に取り憑かれた人たちの生き様をめぐるルポであるのと同時に、西牟田さんが自らの半生を葬る鎮魂歌でもあったのだ。
予期せぬ重たいノンフィクションだった。本読みの業がここにある。合掌――。

（かくはた・ゆうすけ／ノンフィクション作家、探検家）

初出　ウェブ・マガジン『マガジン航』
（http://www.dotbook.jp/magazine-k/）
連載「「床抜け」シリーズ」（２０１２年４月～14年７月）
単行本『本で床は抜けるのか』　２０１５年３月　本の雑誌社刊
文庫化にあたり適宜修正を施し、章末に附記を加筆しました。

中公文庫

本で床は抜けるのか

2018年3月25日　初版発行

著　者　西牟田靖

発行者　大橋 善光

発行所　中央公論新社

〒100-8152　東京都千代田区大手町1-7-1
電話　販売 03-5299-1730　編集 03-5299-1890
URL http://www.chuko.co.jp/

ＤＴＰ　平面惑星
印　刷　三晃印刷
製　本　三晃印刷

©2018 Yasushi NISHIMUTA
Published by CHUOKORON-SHINSHA, INC.
Printed in Japan　ISBN978-4-12-206560-4 C1195

定価はカバーに表示してあります。落丁本・乱丁本はお手数ですが小社販売部宛お送り下さい。送料小社負担にてお取り替えいたします。

●本書の無断複製（コピー）は著作権法上での例外を除き禁じられています。また、代行業者等に依頼してスキャンやデジタル化を行うことは、たとえ個人や家庭内の利用を目的とする場合でも著作権法違反です。

中公文庫既刊より

各書目の下段の数字はISBNコードです。978－4－12が省略してあります。

い-35-17
國語元年　井上ひさし
明治七年。「全国統一話し言葉」制定を命じられた文部官僚は、まず家庭内の口語統一を試みる。しかし屋敷中が大混乱に……大好評を博したテレビ版戯曲。
204004-5

い-35-18
にほん語観察ノート　井上ひさし
ふだんの言葉の中に隠れている日本語のひみつとは？「言葉の貯金がなにより楽しみ」という筆者のとっておき。持ち出し厳禁、言葉の見本帳。
204351-0

い-35-19
イソップ株式会社　井上ひさし　和田誠 絵
夏休み。いなかですごす二人の姉弟のもとに、毎日届く父からの手紙には、一日一話の小さな「お話」が書かれていた。物語が生み出す、新しい家族の姿。
204985-7

い-35-20
十二人の手紙　井上ひさし
転落した修道女の身も心もボロボロの手紙や家出少女の手紙など、手紙だけが物語る笑いと哀しみがいっぱいの迫真の人生ドラマ。新装改版。〈解説〉扇田昭彦
205103-4

い-35-21
わが蒸発始末記　エッセイ選　井上ひさし
軽妙なおかしみと鋭い批評眼で、小説・戯曲に劣らぬ傑作ぞろいの井上エッセイ。エッセイ集一〇冊の集積から選り抜いた、四一篇の思考のエッセンス。
205134-8

い-35-22
家庭口論　井上ひさし
絶妙の笑いの発明家井上ひさしが家庭の内幕を暴露、才色兼備の夫人と可愛ざかりの三人娘に優しく突き上げられ、クスクス、シミジミの最高の面白さ。
205528-5

い-35-23
井上ひさしの読書眼鏡　井上ひさし
面白くて、恐ろしい本の数々。足かけ四年にわたり新聞連載された表題コラム34編。そして、藤沢周平、米原万里の本を論じる、最後の書評集。〈解説〉松山　巖
206180-4

お-88-1
古本道入門　買うたのしみ、売るよろこび
岡崎　武志
古本カフェ、女性店主の活躍、「一箱古本市」……。いま古本がおもしろい。新しい潮流と古きよき世界を橋渡しする著者が、魅惑の世界の神髄を伝授する。
206363-1

た-11-2
本とその周辺
武井　武雄
本の美術に情熱を注ぎつづける著者が、多様な技法を探求しつつ珠玉のような手作りの本を生み出す苦心と喜びを語る、愛書家必読の好著。〈解説〉飯沢　匡
205931-3

す-24-1
本に読まれて
須賀　敦子
バロウズ、タブッキ、ブローデル、ヴェイユ、池澤夏樹……。こよなく本を愛した著者の、読む歓びが波のようにおしよせる情感豊かな読書日記。
203926-1

ゆ-5-1
本のなかの旅
湯川　豊
宮本常一、吉田健一、金子光晴、大岡昇平……。何かにつき動かされるように旅を重ねた十八人が遺した本から、旅の記憶を読み解く珠玉のエッセイ集。
206229-0

ハ-6-1
チャリング・クロス街84番地　書物を愛する人のための本
〈レーン・ハンフ編著〉
江藤　淳訳
ロンドンの古書店とアメリカの一女性との二十年にわたる心温まる交流――書物を読む喜びと思いやりに満ちた爽やかな一冊を真に書物を愛する人に贈る。
201163-2

は-58-1
暮しの眼鏡
花森　安治
ミイハアを笑うものは、ミイハアに泣かされる。衣食住、風俗など、身近なできごとからユーモアとエスプリたっぷりに「世の中にもの申す」。〈解説〉松浦弥太郎
204977-2

は-58-2
風俗時評
花森　安治
風俗やファッションをテーマに、滑稽な人間模様を洒脱に語る。特権意識や見栄っ張りを嫌った花森イズムが時空を超えて迫る！〈解説〉岸本葉子
206211-5

は-58-3
逆立ちの世の中
花森　安治
世間に異議申し立てをし続けた日々をユーモラスに描く。また家族や悪戯三昧の学生時代を回顧。伝説の反骨編集者の原点となるエッセイを初文庫化。
206227-6

各書目の下段の数字はISBNコードです。978－4－12が省略してあります。

よ-45-3
記者は何を見たのか　3・11東日本大震災
読売新聞社
号泣した記者がいた。歯を食いしばってシャッターを切ったカメラマンがいた。77人が極限の現場から伝える取材記録。彼らはその時、何を感じ何を考えたのか。
205908-5

い-3-6
すばらしい新世界
池澤夏樹
ヒマラヤの奥地へ技術協力に赴いた主人公は、人々の暮らしに触れ、現地に深く惹かれてゆく。人と環境の関わりを描き、新しい世界への光を予感させる長篇。
204270-4

い-3-8
光の指で触れよ
池澤夏樹
土の匂いに導かれて、離ればなれの家族が行きつく場所は——。あの幸福な一家に何が起きたのか。『すばらしい新世界』から数年後の物語。〈解説〉角田光代
205426-4

い-3-9
楽しい終末
池澤夏樹
核兵器と原子力発電、フロン、エイズ、沙漠化、人口爆発、南北問題……人類の失策の行く末は。多分に予見的な思索エッセイ復刊。〈解説〉重松　清
205675-6

い-3-10
春を恨んだりはしない　震災をめぐって考えたこと
池澤夏樹
鷲尾和彦写真
薄れさせてはいけない。あの時に感じたことが本物である——被災地を歩き、多面的に震災を捉えた唯一無二のリポート。文庫新収録のエッセイを付す。
206216-0

い-3-11
のりものづくし
池澤夏樹
これまでずいぶんいろいろな乗り物に乗ってきた。地下鉄、バス、カヤックに気球から馬まで。バラエティ豊かな乗り物であっちこっち、愉快痛快うろうろ人生。
206518-5

う-9-4
御馳走帖
内田百閒（ひゃっけん）
朝はミルク、昼はもり蕎麦、夜は山海の珍味に舌鼓をうつ百閒先生の、窮乏時代から知友との会食まで食味の楽しみを綴った名随筆。〈解説〉平山三郎
202693-3

う-9-5
ノラや
内田百閒
ある日行方知れずになった野良猫の子ノラと居つきながらも病死したクルツ。二匹の愛猫にまつわる愛情と機知とに満ちた連作14篇。〈解説〉平山三郎
202784-8

う-9-6
一病息災
内田百閒
持病の発作に恐々としつつも医者の目を盗み麦酒をがぶがぶ……。ご存知百閒先生が、己の病、身体、健康について飄々と綴った随筆を集成したアンソロジー。
204220-9

う-9-7
東京焼盡（しょうじん）
内田百閒
空襲に明け暮れる太平洋戦争末期の日々を、文学の目と現実の目をないまぜつつ綴る日録。詩精神あふれる稀有の東京空襲体験記。
204340-4

う-9-10
阿呆の鳥飼
内田百閒
鶯の鳴き方が悪いと気に病み、漱石山房に文鳥を連れて行く……。『ノラや』の著者が小動物たちとの暮らしを綴る掌篇集。〈解説〉角田光代
206258-0

う-9-11
大貧帳
内田百閒
お金はなくても腹の底はいつも福福である——質屋、借金、原稿料……飄然としたなかに笑いが滲みでる。百鬼園先生独特の諧謔に彩られた貧乏美学エッセイ。
206469-0

か-18-7
どくろ杯
金子光晴
『こがね蟲』で詩壇に登場した詩人は、その輝きを残し、夫人と中国に渡る。長い放浪の旅が始まった——青春と詩を描く自伝。〈解説〉中野孝次
204406-7

か-18-8
マレー蘭印紀行
金子光晴
昭和初年、夫人三千代とともに流浪する詩人の旅はいつ果てるともなくつづく。東南アジアの自然の色彩と生きるものの営為を描く。〈解説〉松本　亮
204448-7

か-18-9
ねむれ巴里
金子光晴
深い傷心を抱きつつ、夫人三千代と日本を脱出した詩人はヨーロッパをあてどなく流浪する。『どくろ杯』につづく自伝第二部。〈解説〉中野孝次
204541-5

か-18-10
西ひがし
金子光晴
暗い時代を予感しながら、喧噪渦巻く東南アジアにさまよう詩人の終りのない旅。『どくろ杯』『ねむれ巴里』につづく放浪の自伝。〈解説〉中野孝次
204952-9

各書目の下段の数字はISBNコードです。978-4-12が省略してあります。

か-18-11
世界見世物づくし
金子光晴
放浪の詩人金子光晴。長崎・上海・ジャワ・巴里へと至るそれぞれの土地を透徹な目で眺めてきた漂泊の詩人が綴るエッセイ。
205041-9

か-18-12
じぶんというもの 金子光晴老境随想
金子光晴
友情、恋愛、芸術や書について——波瀾万丈の人生を経て老境にいたった漂泊の詩人が、人生の後輩に贈る人生指南。〈巻末イラストエッセイ〉ヤマザキマリ
206228-3

か-18-13
自由について 金子光晴老境随想
金子光晴
自らの息子の徴兵忌避の顚末を振り返った「徴兵忌避の仕返し恐る」ほか、戦時中も反骨精神を貫き通した詩人の本領発揮のエッセイ集。〈解説〉池内恵
206242-9

か-18-14
マレーの感傷 金子光晴初期紀行拾遺
金子光晴
中国、南洋から欧州へ。詩人の流浪の旅を当時の雑誌掲載作品や手帳などから編集する。晩年の自伝三部作へ連なる原石的作品集。〈解説〉鈴村和成
206444-7

た-15-4
犬が星見た ロシア旅行
武田百合子
生涯最後の旅を予感した夫武田泰淳とその友竹内好に同行し、旅中の出来事や風物を生き生きと捉え克明に描く。読売文学賞受賞作。〈解説〉色川武大
200894-6

た-15-5
日日雑記
武田百合子
天性の無垢な芸術者が、身辺の出来事や日日の想いを、時には繊細な感性で、時には大胆な発想で、心の赴くままに綴ったエッセイ集。〈解説〉巖谷國士
202796-1

た-15-6
富士日記（上）
武田百合子
夫泰淳と過ごした富士山麓での十三年間の日々を、澄明な目と天性の無垢な心で克明にとらえ天衣無縫な文体でうつし出した日記文学の傑作。田村俊子賞受賞作。
202841-8

た-15-7
富士日記（中）
武田百合子
天性の芸術者である著者が、一瞬一瞬の生を特異な感性でとらえ、また昭和期を代表する質実な生活をあますところなく克明に記録した日記文学の傑作。
202854-8

た-15-8
富士日記（下）
武田百合子
夫武田泰淳の取材旅行に同行したり口述筆記をする傍ら、特異の発想と表現の絶妙なハーモニーで暮らしの中の生を鮮明に浮き彫りにする。〈解説〉水上 勉
202873-9

ほ-12-10
書きあぐねている人のための小説入門
保坂和志
小説を書くために本当に必要なことは？ 実作者が教える、必ず書けるようになる小説作法。執筆の裏側を見せる「創作ノート」を追加した増補決定版。
204991-8

ほ-12-12
小説の自由
保坂和志
小説には、「考える」という抽象的な時間が必要なのだ。誰よりも小説を愛する小説家が、自作を書くのと同じ注意力で小説作品を精密に読んでみせる、驚くべき小説論。
205316-8

ほ-12-13
小説の誕生
保坂和志
「小説論」というのは思考の本質において、評論でなく小説なのだ。小説的に世界を考えるとどうなるのか？ 前へ、前へと思考を進める小説論。
205522-3

ほ-12-14
小説、世界の奏でる音楽
保坂和志
小説は、人を遠くまで連れてゆく――。書き手の境地を読者のなかに再現する、十篇の小説論という小説。「最良の読者を信じて」書かれた小説論、完結編。
205709-8

ほ-12-15
猫の散歩道
保坂和志
鎌倉で過ごした子ども時代、猫にお正月はあるのか、新入社員の困惑……小説のエッセンスがちりばめられた88篇。海辺の陽光がふりそそぐエッセイ集。
206128-6

ほ-12-16
あさつゆ通信
保坂和志
僕が山梨から鎌倉に引っ越したのは昭和三十五年九月、三歳十一ヵ月だった……。鎌倉を舞台に、小学生までの子ども時代を、現在から描く。〈解説〉松家仁之
206477-5

し-40-1
コーヒーに憑かれた男たち
嶋中 労
現役最高齢・ランブルの関口、業界一の論客・バッハの田口、求道者・もかの標。コーヒーに人生を捧げた自家焙煎のカリスマがカップに注ぐ夢と情熱。
205010-5

各書目の下段の数字はISBNコードです。978-4-12が省略してあります。

し-40-2
コーヒーの鬼がゆく　吉祥寺「もか」遺聞
嶋中労
自家焙煎の草分け「もか」店主・標交紀、ダイヤモンドのような一杯を追い求め、コーヒーの世界に全てを捧げた無骨な男。稀代の求道者の情熱の生涯。
205580-3

い-116-1
食べごしらえ おままごと
石牟礼道子
父がつくったぶえんずし、獅子舞にさしだした鯛の身。土地に根ざした食と四季について、記憶を自在に行き来しながら多彩なことばでつづる。〈解説〉池澤夏樹
205699-2

く-25-1
酒味酒菜
草野心平
海と山の酒菜に、野バラのサンドウィッチ……。詩作のかたわら居酒屋を開き、酒の肴を調理してきた著者による、野性味あふれる食随筆。〈解説〉高山なおみ
206480-5

さ-61-1
わたしの献立日記
沢村貞子
女優業がどんなに忙しいときも台所に立ちつづけた著者が、日々の食卓の参考にとつけはじめた献立日記。工夫と知恵、こだわりにあふれた料理用虎の巻。〈解説〉平松洋子
205690-9

さ-48-1
プチ哲学
佐藤雅彦
ちょっとだけ深く考えてみる――それがプチ哲学。書き下ろし「プチ哲学的日々」を加えた決定版。考えることは楽しいと思える、題名も形も小さな小さな一冊。
204344-2

さ-48-2
毎月新聞
佐藤雅彦
毎日新聞紙上で月に一度掲載された日本一小さな全国紙、その名も「毎月新聞」。その月々に感じたことを独特のまなざしと分析で記した、佐藤雅彦的世の中考察。
205196-6

ち-8-3
考えるマナー
中央公論新社 編
悪口の言い方から粋な五本指ソックスの履き方まで、大人を悩ますマナーの難題に作家十二人が応える秀逸な名回答集。この一冊が日々のピンチを救う。
206353-2

ち-8-4
楽しむマナー
中央公論新社 編
粋なおごられ方から成仏の方法まで、作家や科学者13人が大人の悩みをするっと解決！　しんどい心のコリに効く、楽しいマナー考。（『マナーの正体』改題）
206392-1